밤 하늘 에 반짝 이는 별빛 …… 밝은 별 도 있 고 어 두 운 별 도 있 다.

…… 그 리 고 가 까 운 별 도 있 고 먼 별 도 있 다.

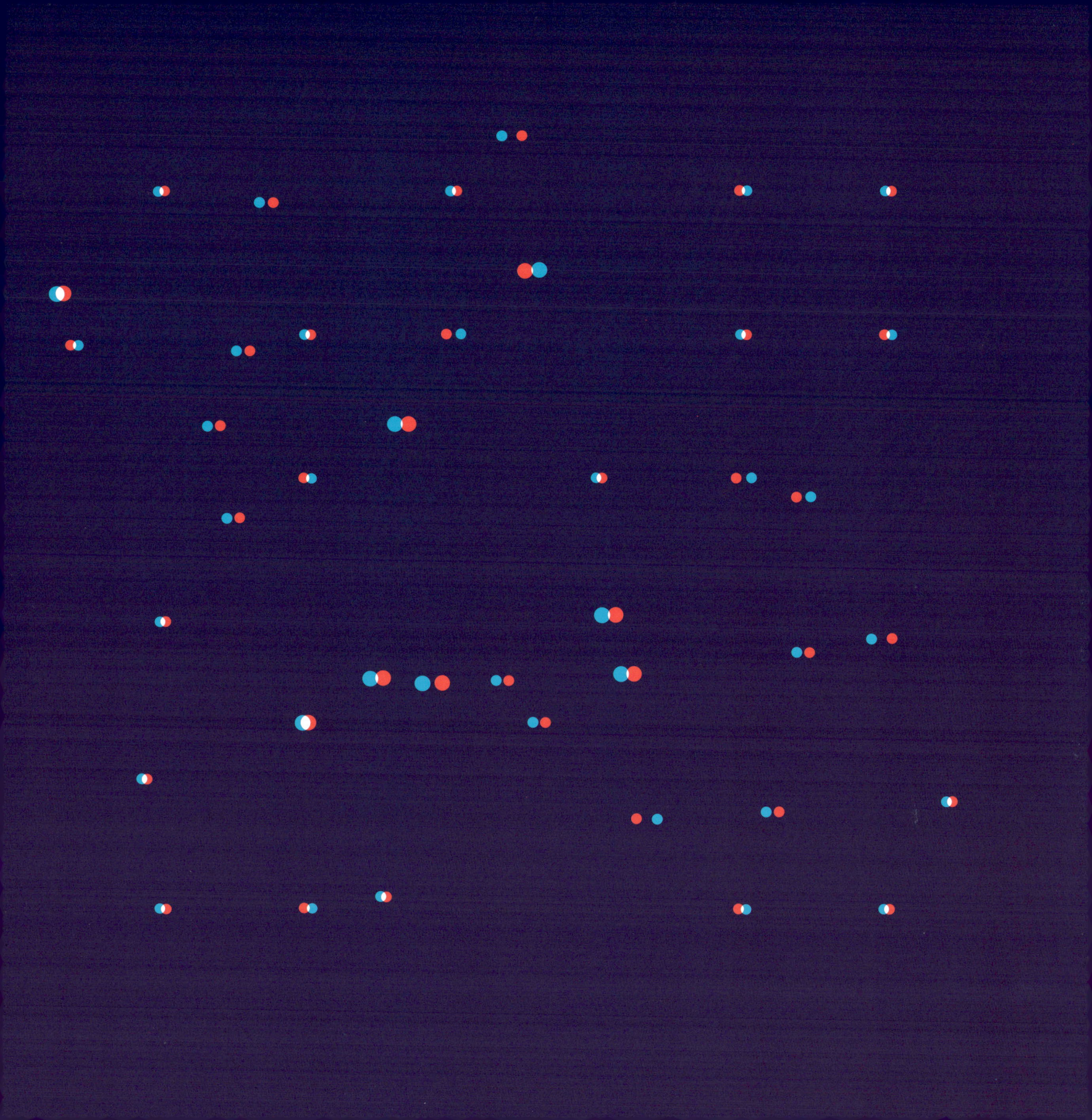

별자리를 찾아보자

별자리	위치
거문고자리	③ 가운데, ⑥ 위
게자리	④ 가운데, ⑨ 가운데,
고래자리	⑮ 위
고물자리	⑰ 위
공기펌프자리	⑭ 아래, ⑰ 가운데
공작자리	㉑ 가운데
궁수자리	⑬ 아래
그물자리	⑮ 아래, ⑳ 가운데
극락조자리	⑳ 위, ㉑ 가운데
기린자리	① 위, ② 가운데
까마귀자리	⑪ 아래, ⑲ 위
나침반자리	⑭ 아래, ⑰ 가운데
날치자리	⑳ 가운데
남십자자리	⑲ 아래, ⑳ 위, ㉑ 위
남쪽물고기자리	⑱ 가운데
남쪽삼각형자리	⑲ 아래, ㉑ 가운데
남쪽왕관자리	⑬ 아래, ⑯ 아래, ㉑ 아래
도마뱀자리	③ 위
독수리자리	③ 아래, ⑥ 아래, ⑬ 위
돌고래자리	③ 아래, ⑩ 가운데 ⑬ 위
두루미자리	⑱ 가운데
돛자리	⑰ 가운데
마차부자리	⑤ 위
망원경자리	㉑ 아래
머리털자리	⑦ 가운데, ⑪ 위
목자자리	⑦ 가운데, ⑪ 위
물고기자리	⑧ 가운데
물뱀자리	⑳ 가운데
물병자리	⑩ 아래, ⑱ 위
바다뱀자리	⑨ 아래, ⑭ 가운데, ⑲ 위
방패자리	⑥ 아래, ⑬ 가운데
백조자리	③ 가운데
뱀자리	⑥ 아래, ⑦ 아래, ⑬ 가운데
뱀주인자리	⑥ 아래, ⑬ 가운데, ⑯ 아래
봉황새자리	⑮ 아래, ⑱ 가운데
북쪽왕관자리	⑦ 가운데
비둘기자리	⑫ 아래
사냥개자리	① 아래, ⑦ 위
사자자리	⑨ 가운데
살쾡이자리	④ 위
삼각형자리	⑧ 가운데
세페우스자리	② 위
센타우루스자리	⑲ 가운데
수준기자리	⑯ 아래, ⑲ 아래, ㉑ 아래
시계자리	⑮ 아래, ⑳ 가운데
쌍둥이자리	④ 가운데, ⑤ 가운데
안드로메다자리	⑧ 가운데
양자리	⑧ 가운데
에리다누스 강자리	⑮ 가운데
여우자리	③ 가운데, ⑩ 위
염소자리	⑩ 아래
오리온자리	⑤ 아래, ⑫ 가운데
외뿔소자리	⑫ 가운데
용골자리	⑲ 아래, ⑳ 가운데
용자리	① 위
육분의자리	⑨ 아래, ⑭ 가운데
이리자리	⑯ 가운데, ⑲ 가운데
이젤자리	⑳ 가운데
인도인자리	⑱ 아래, ㉑ 가운데
작은개자리	④ 가운데, ⑫ 위
작은곰자리	① 위
작은사자자리	④ 가운데, ⑨ 위
전갈자리	⑯ 가운데
제단자리	⑯ 아래, ㉑ 가운데
조각도자리	⑫ 아래, ⑮ 가운데
조각실자리	⑱ 가운데
조랑말자리	③ 가운데, ⑩ 가운데, ⑬ 위
처녀자리	⑪ 가운데
천칭자리	⑯ 가운데
카멜레온자리	⑳ 가운데, ㉑ 위
카시오페이아자리	② 가운데
컴퍼스자리	⑲ 아래, ㉑ 가운데
컵자리	⑨ 아래, ⑪ 아래, ⑭ 가운데, ⑲ 위
큰개자리	⑫ 아래, ⑰ 가운데
큰곰자리	① 아래
큰부리새자리	⑱ 아래, ⑳ 위, ㉑ 위
테이블산자리	⑳ 가운데
토끼자리	⑫ 가운데
파리자리	⑲ 아래, ⑳ 위, ㉑ 위
팔분의자리	⑳ 위, ㉑ 가운데
페가수스자리	⑩ 위
페르세우스자리	② 아래, ⑤ 위
헤르쿨레스자리	⑥ 가운데
현미경자리	⑬ 아래
화살자리	③ 가운데, ⑥ 가운데
화학로자리	⑮ 가운데
황새치자리	⑳ 가운데
황소자리	⑤ 가운데

황도 십이궁

별자리	위치
양자리	⑧ 가운데
황소자리	⑤ 가운데
쌍둥이자리	④ 가운데, ⑤ 가운데
게자리	④ 가운데, ⑨ 가운데
사자자리	⑨ 가운데
처녀자리	⑪ 가운데
천칭자리	⑯ 가운데
전갈자리	⑯ 가운데
궁수자리	⑬ 아래
염소자리	⑩ 아래
물병자리	⑩ 아래, ⑱ 위
물고기자리	⑧ 가운데

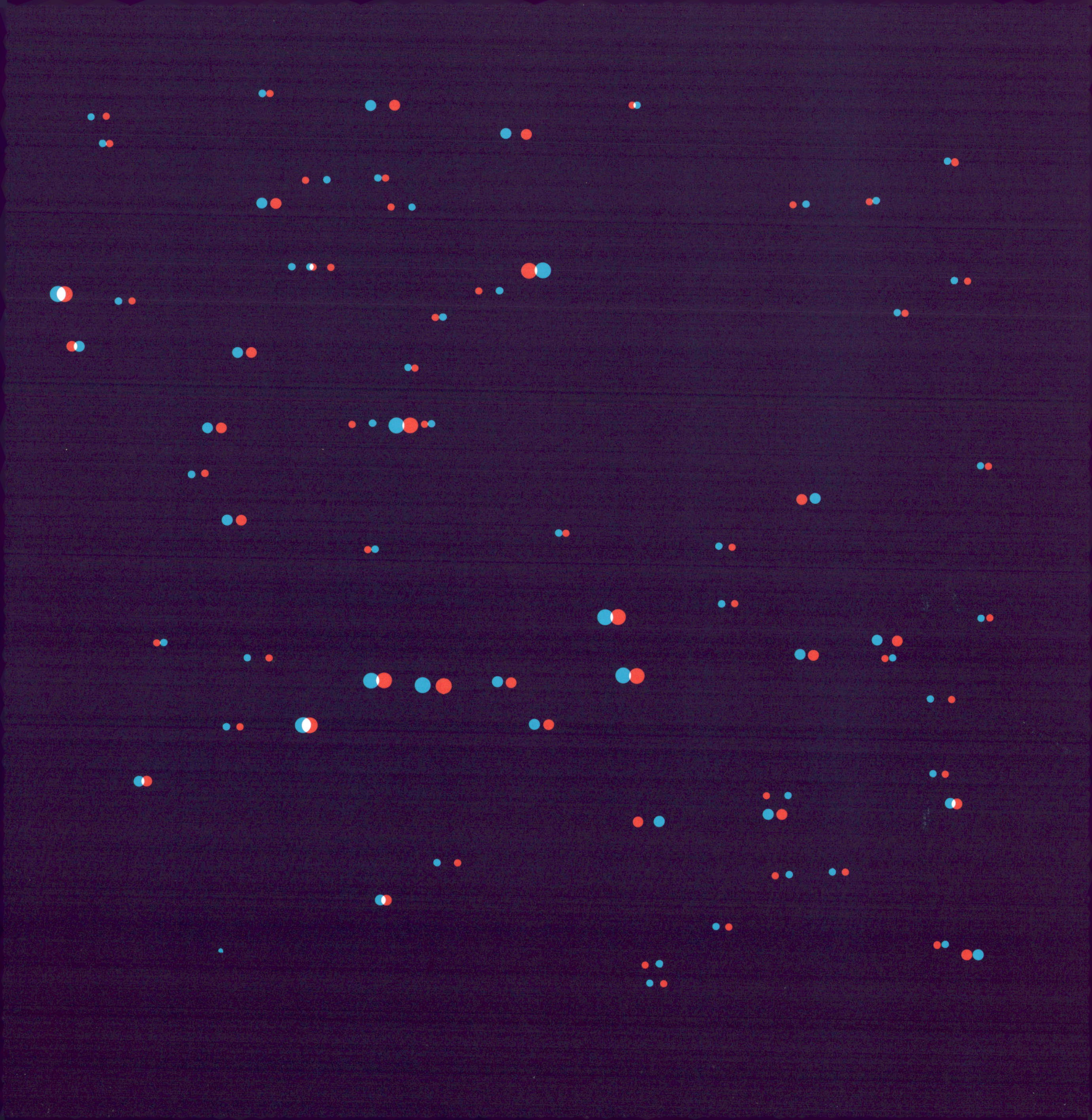

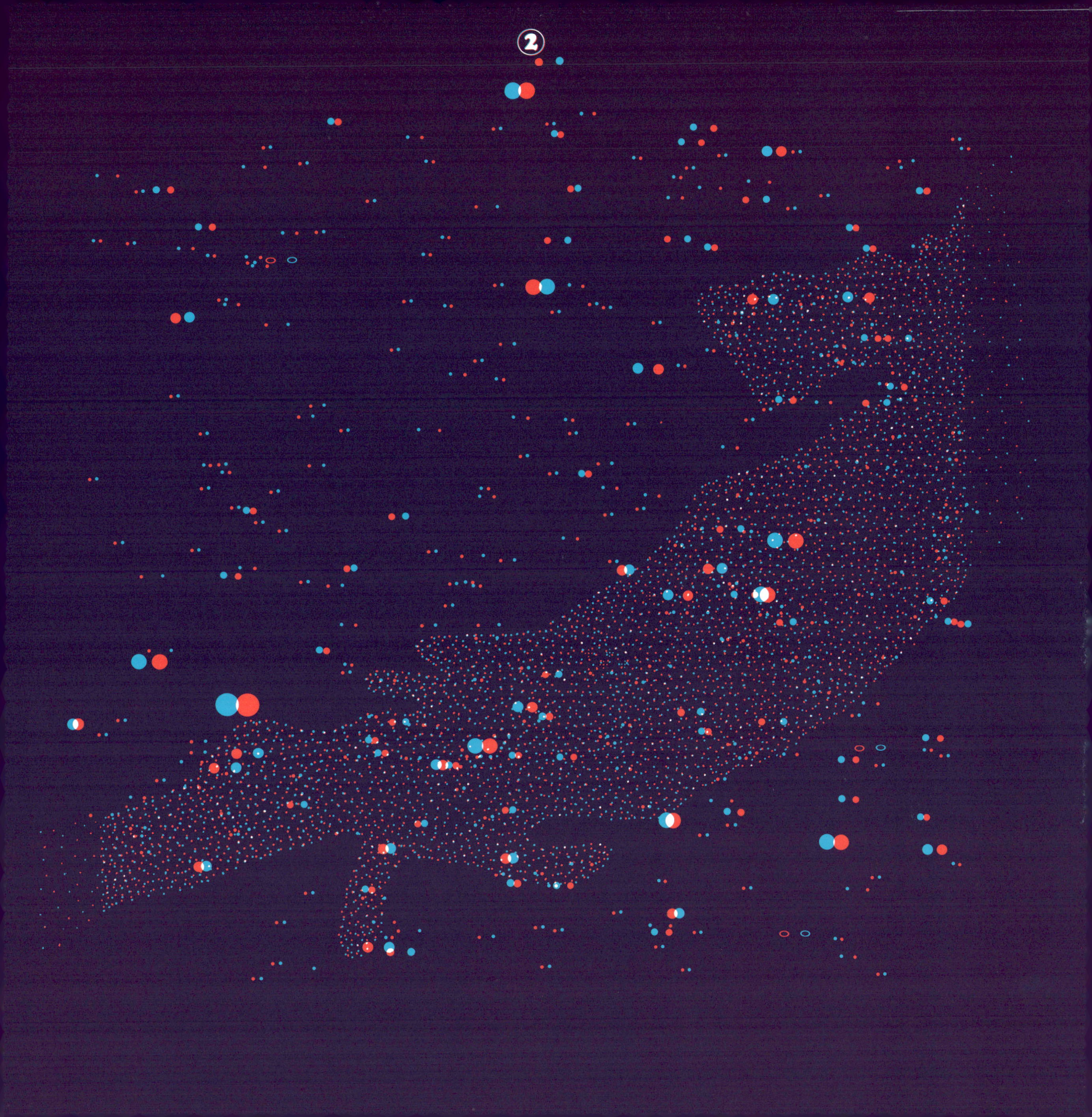

도마뱀자리, 백조자리, 거문고자리

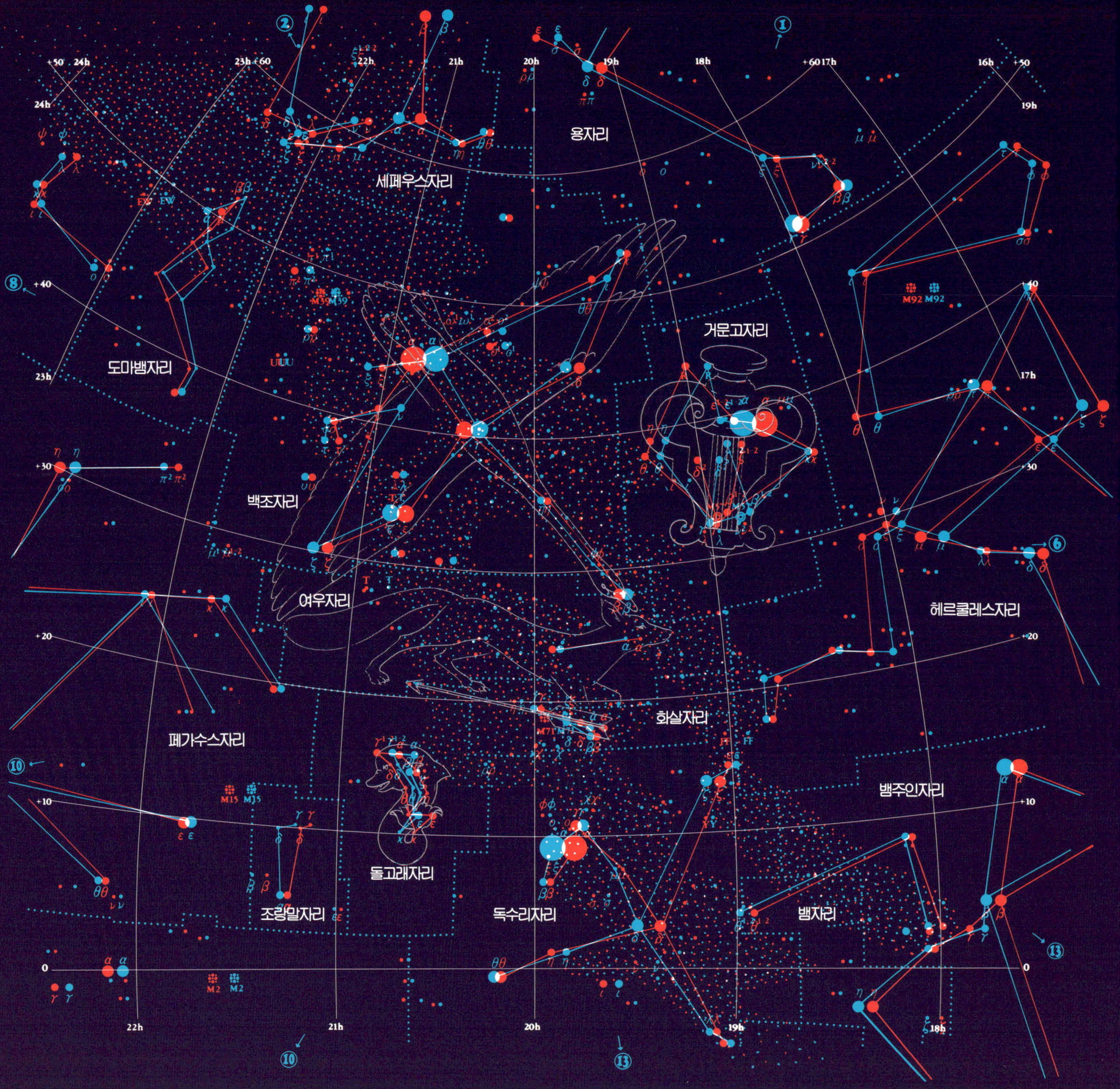

여우자리, 화살자리, 돌고래자리, 조랑말자리

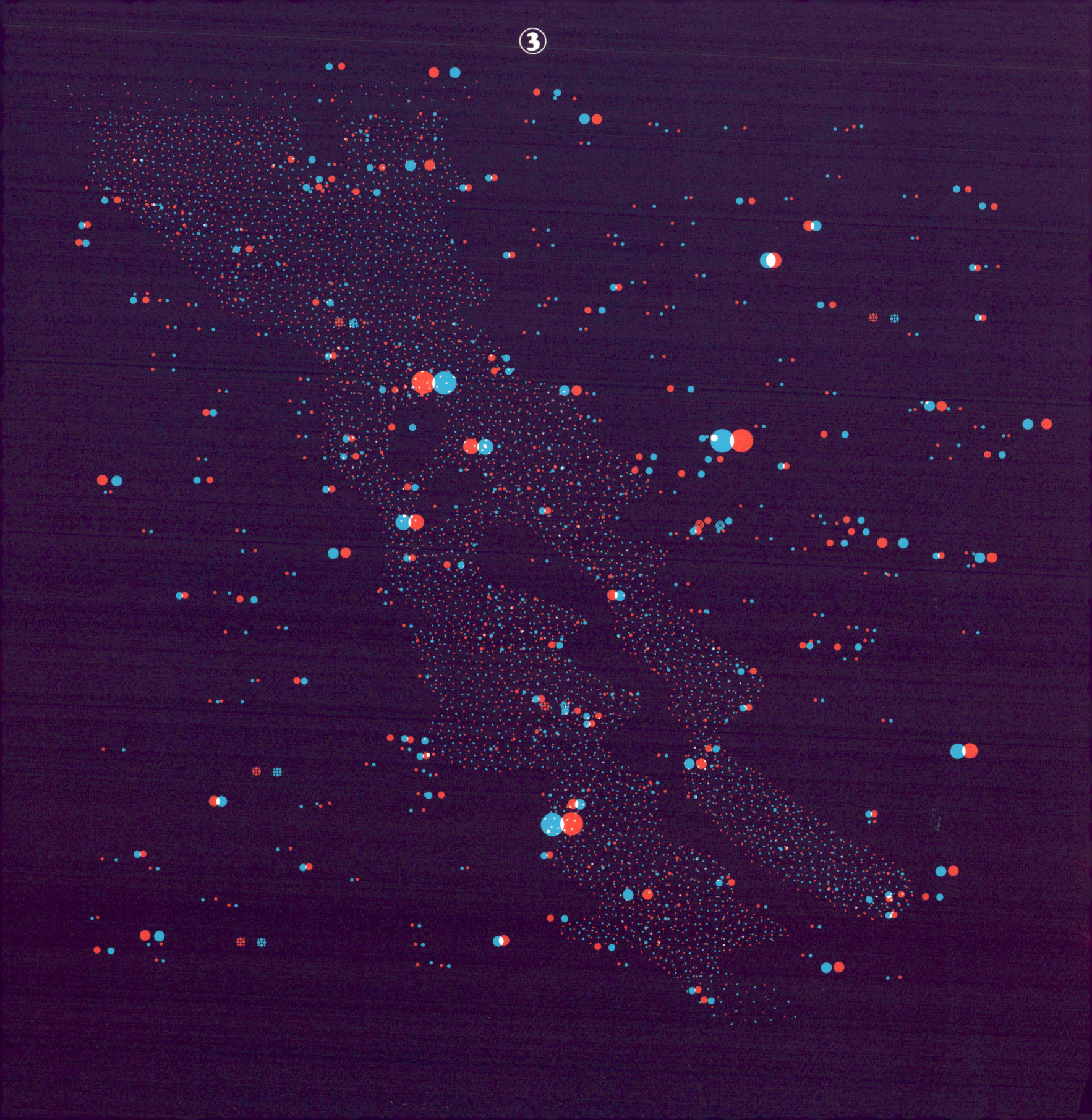

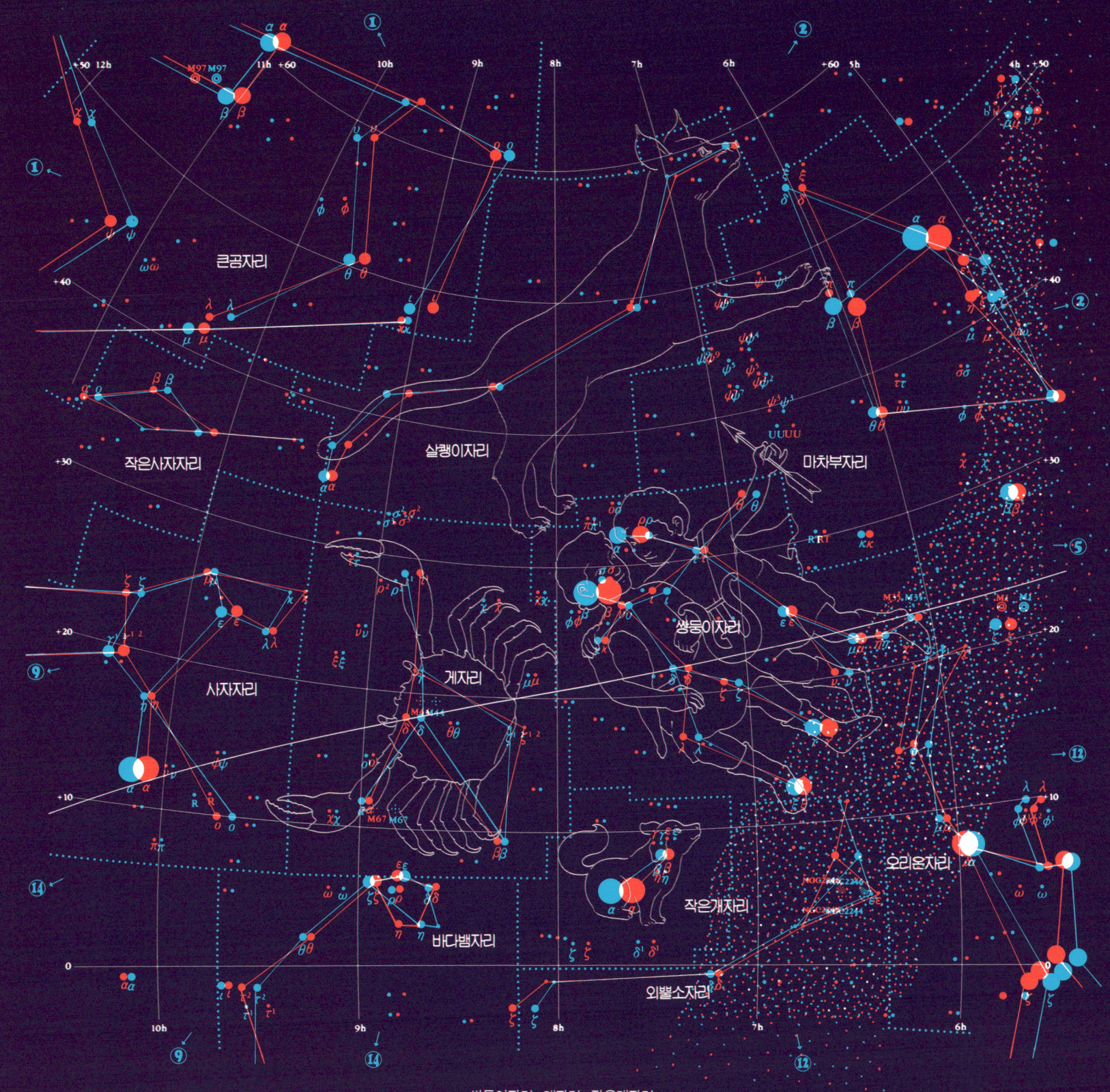

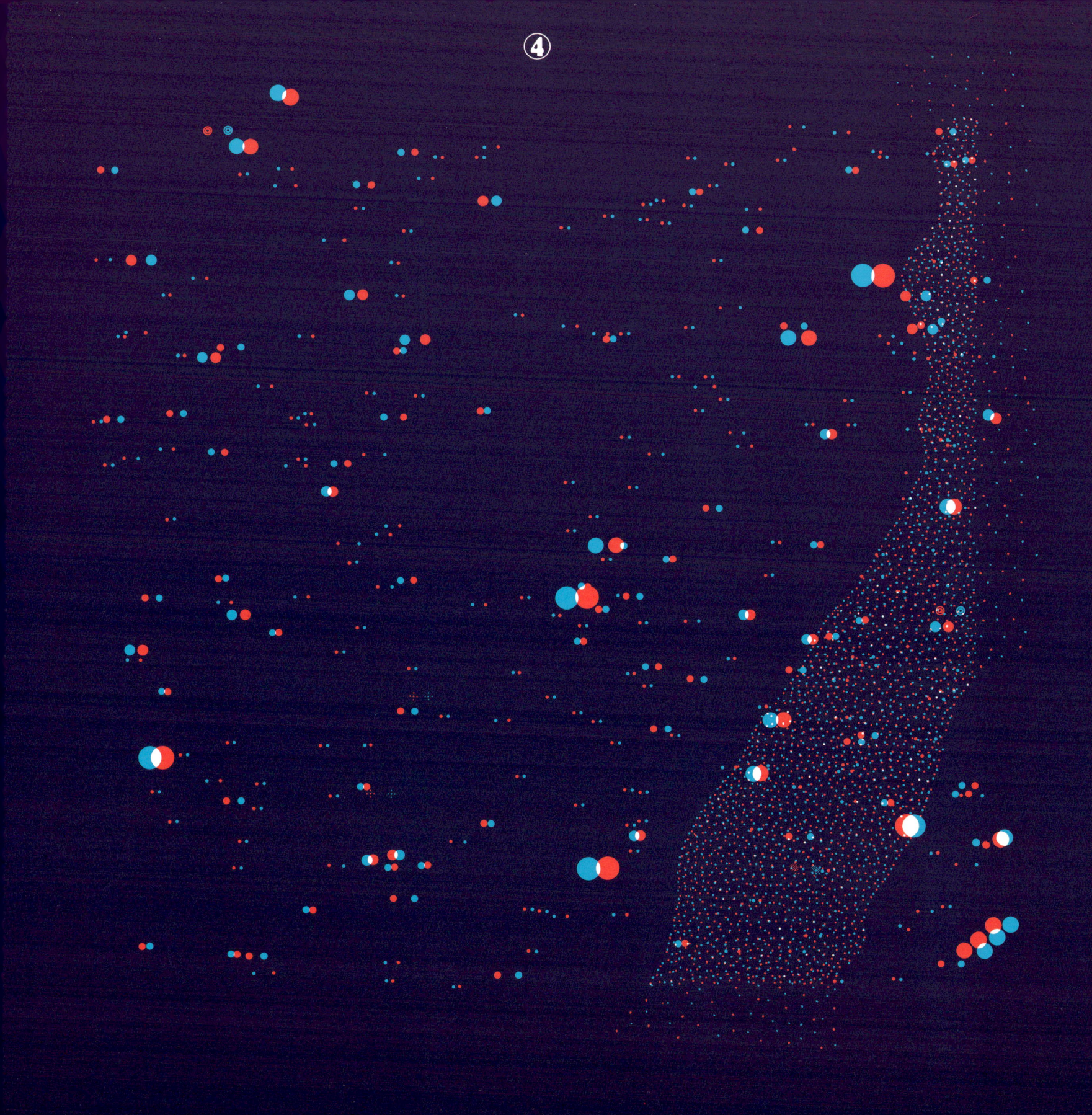

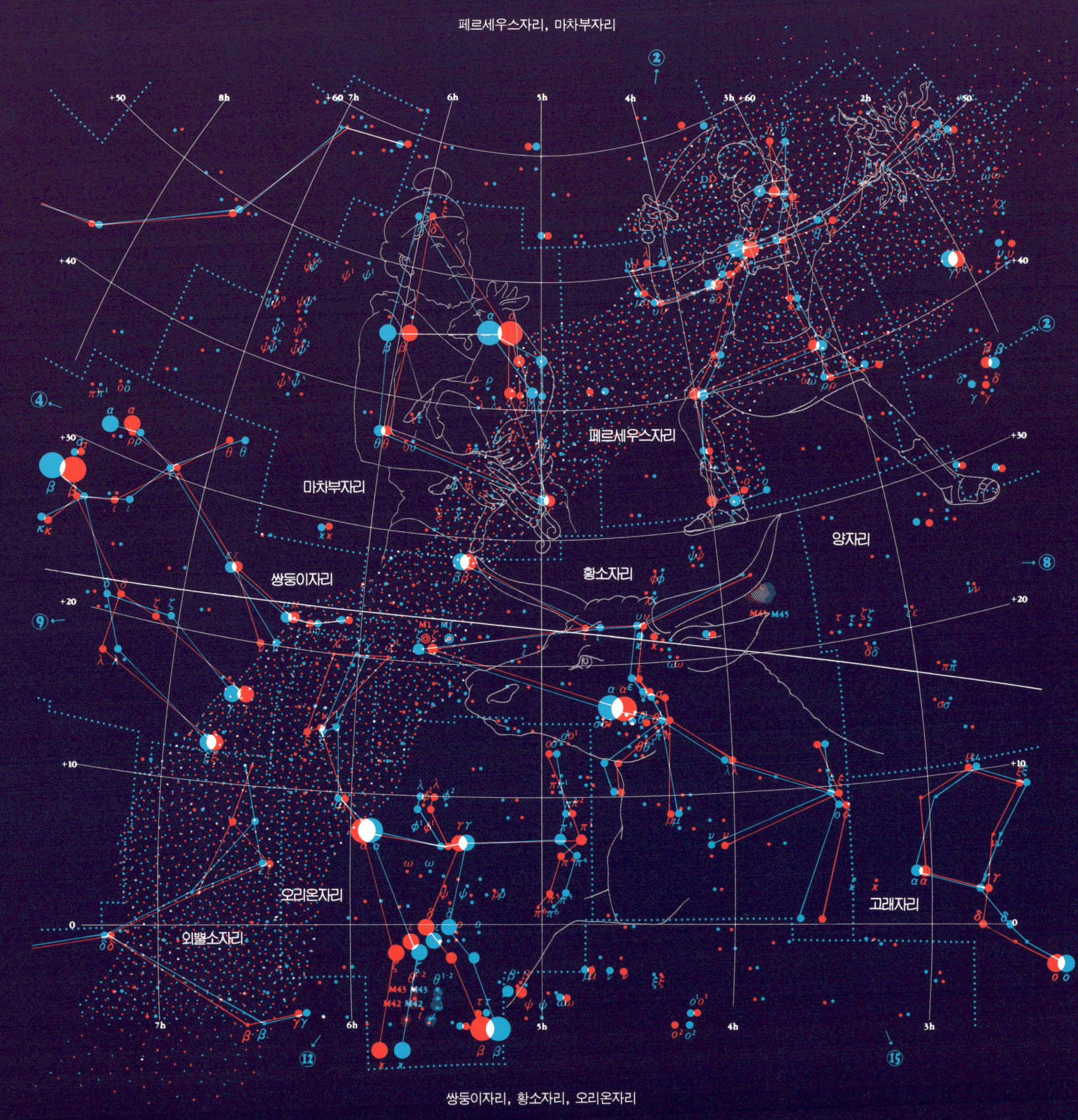

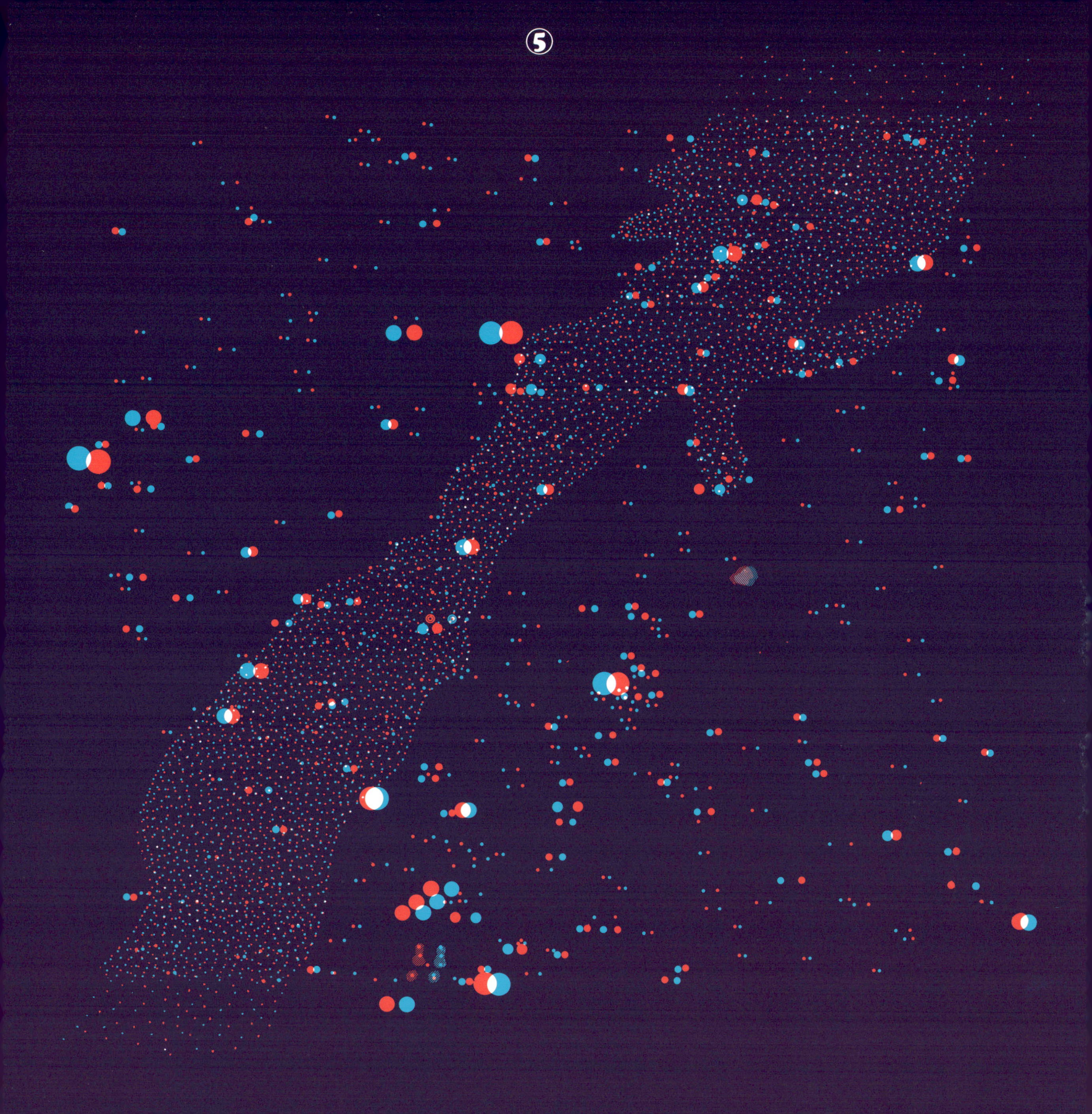

거문고자리, 헤르쿨레스자리

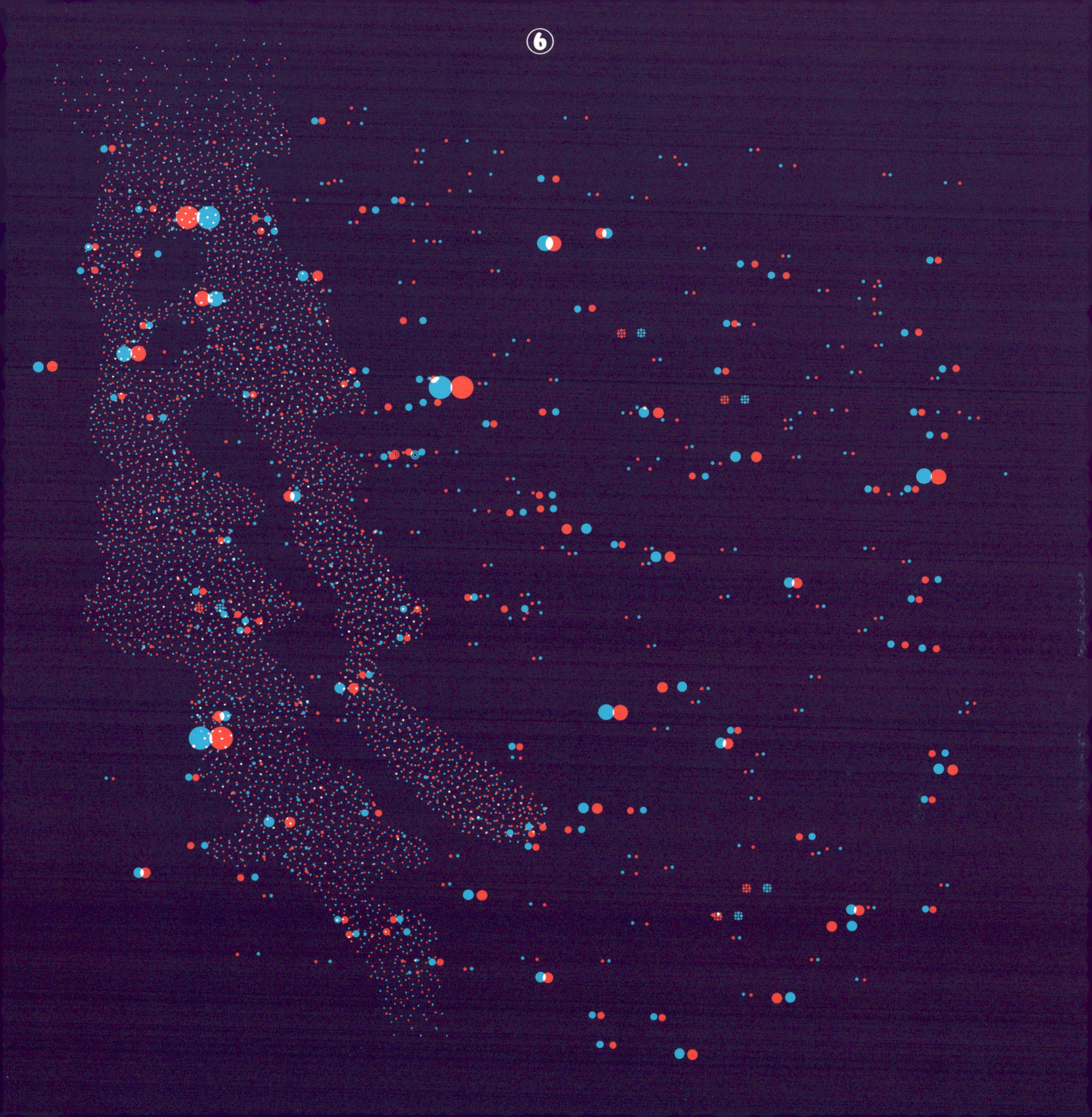

안드로메다자리, 삼각형자리

카시오페이아자리

페르세우스자리

도마뱀자리

안드로메다자리

삼각형자리

페가수스자리

양자리

물고기자리

고래자리

물병자리

양자리, 물고기자리

작은사자자리, 게자리, 사자자리

육분의자리, 바다뱀자리, 컵자리

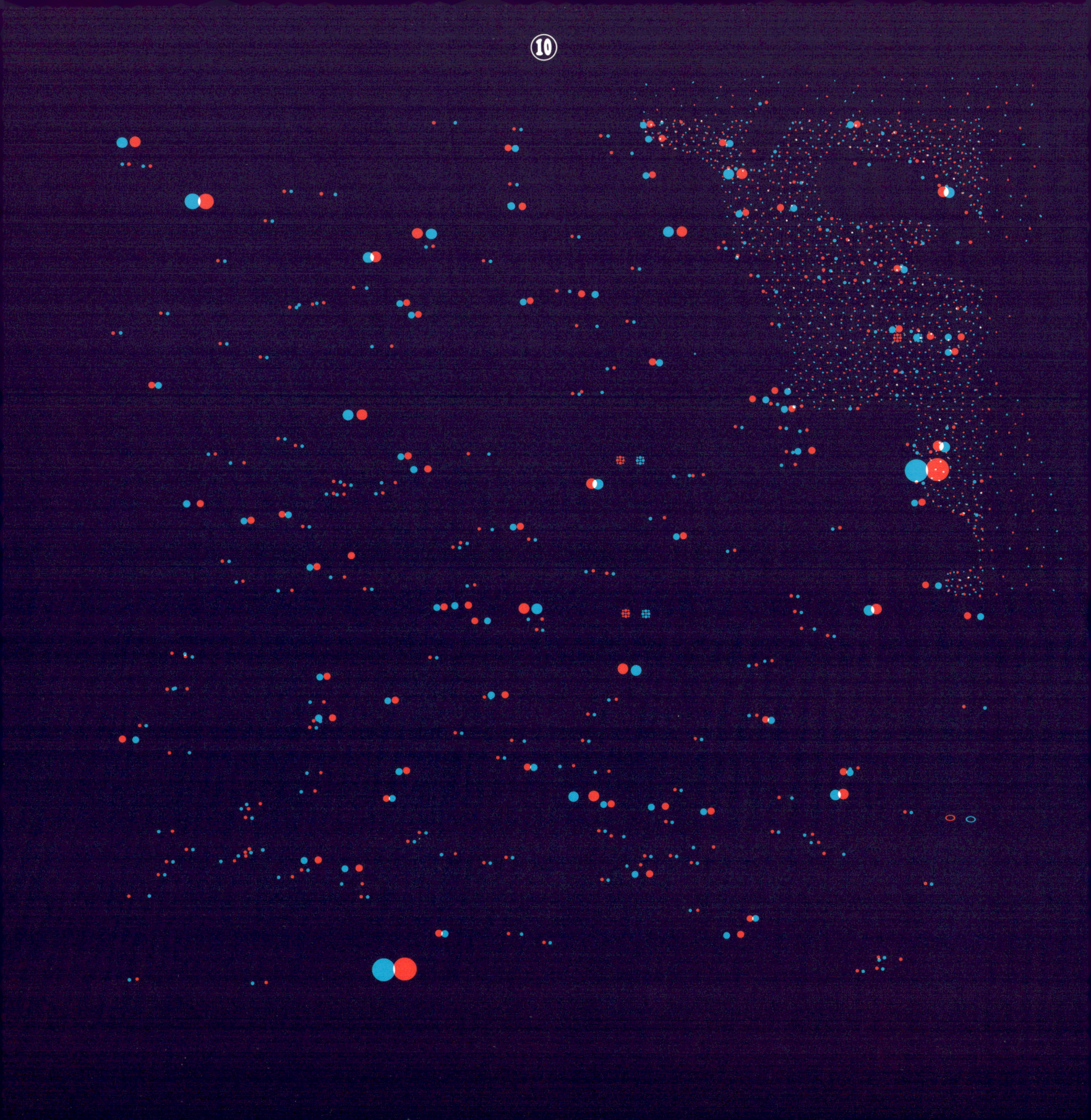

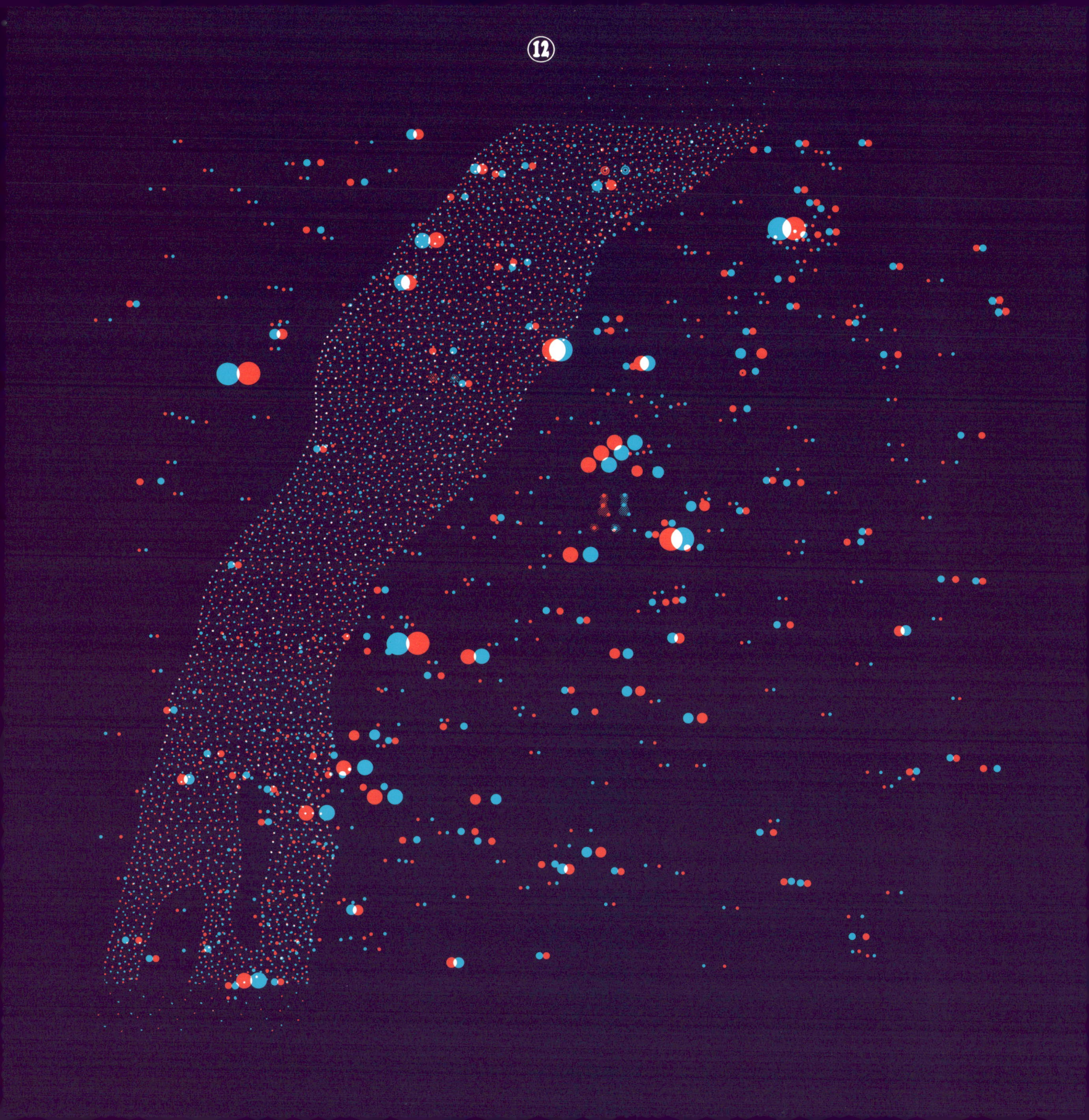

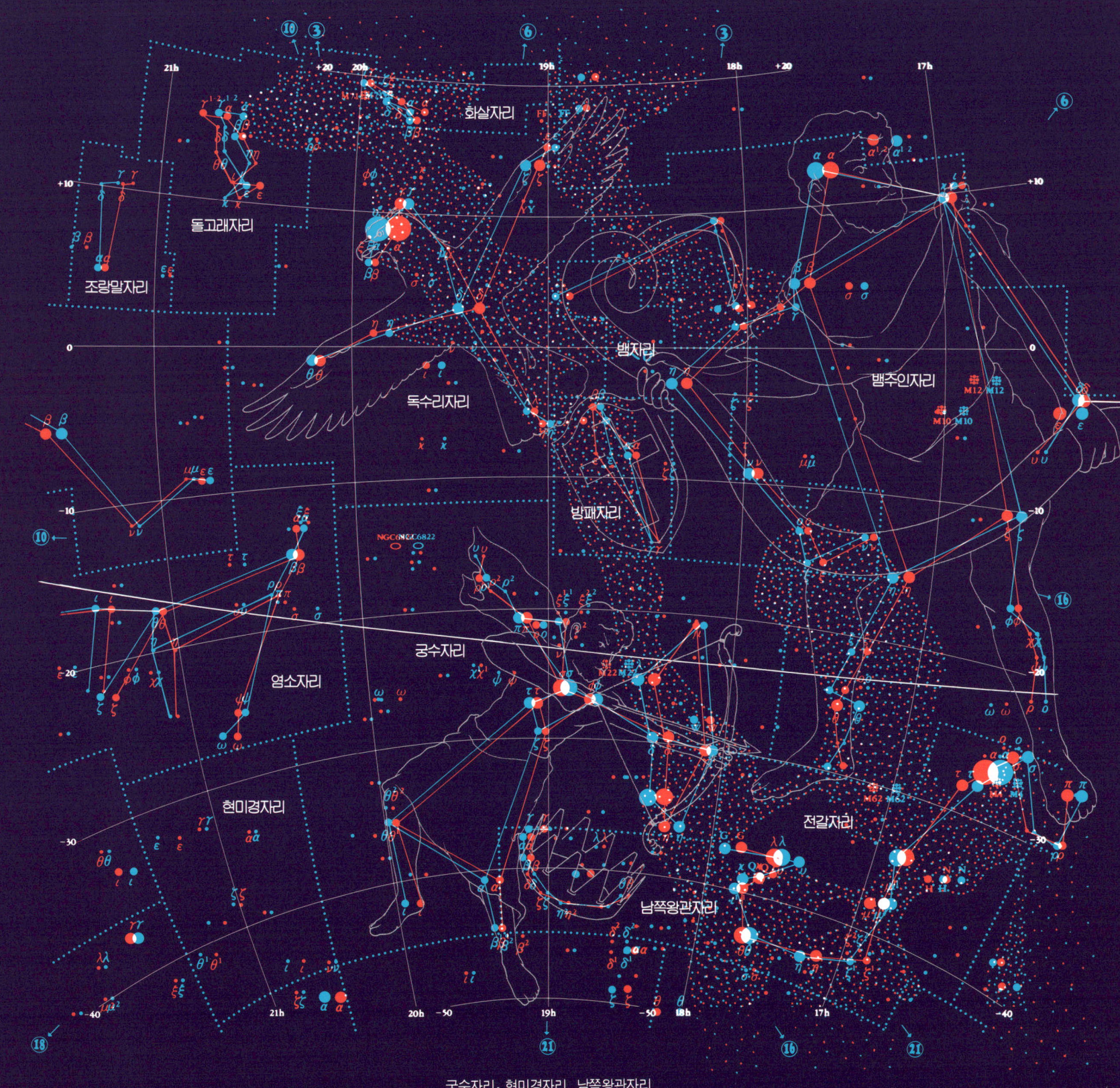

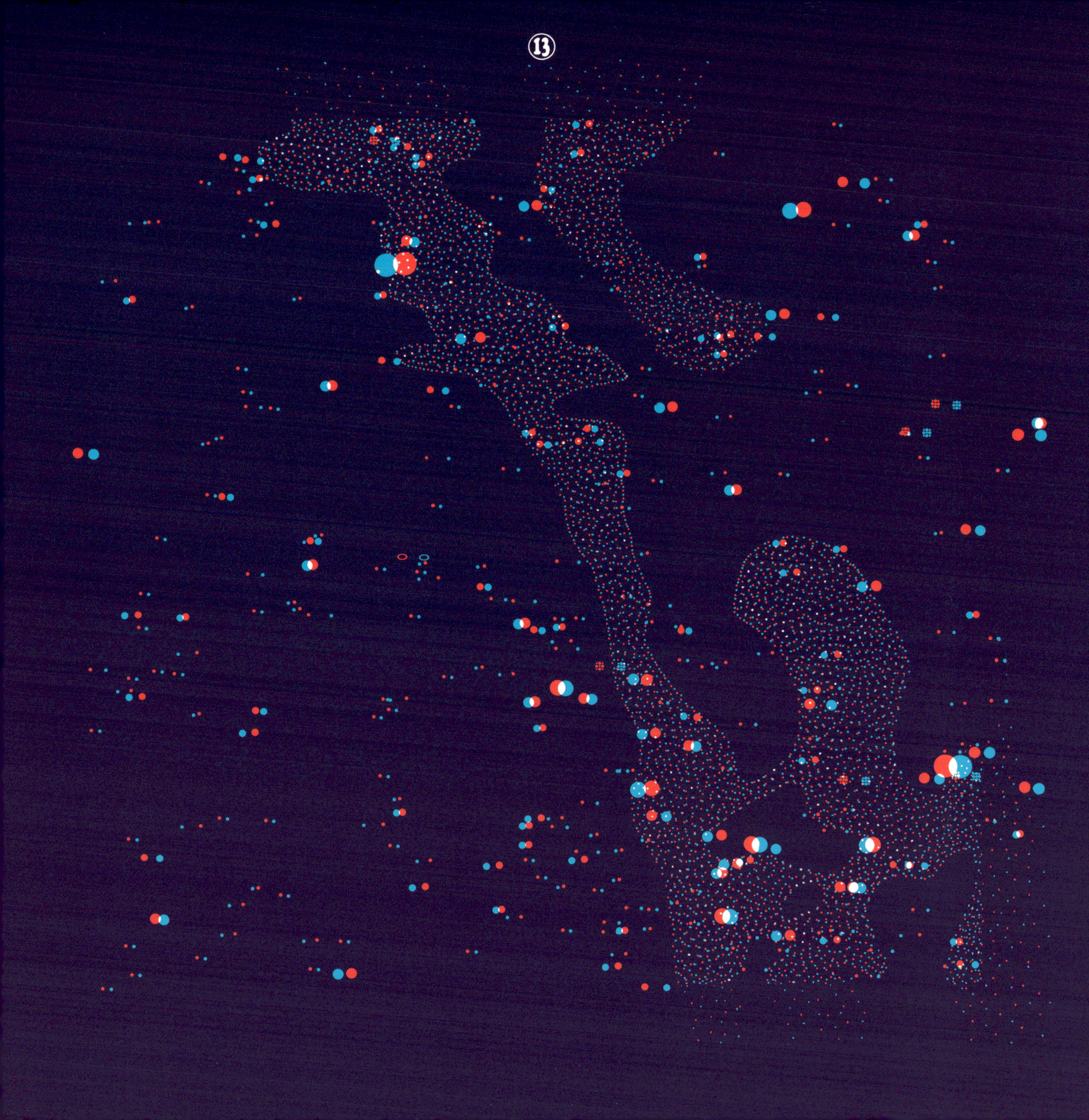

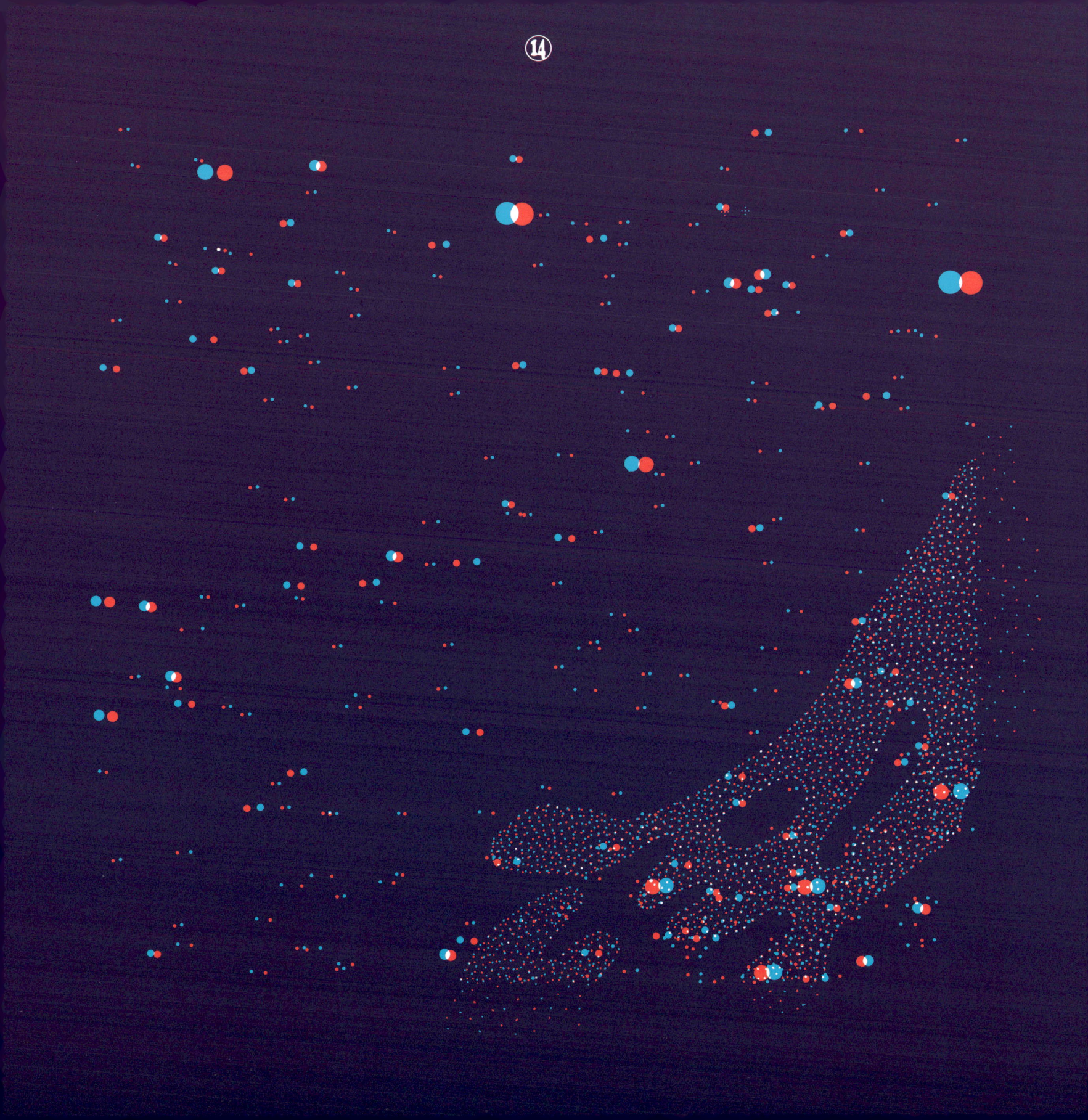

고래자리, 에리다누스 강자리

고래자리

에리다누스 강자리

토끼자리

화학로자리

조각실자리

비둘기자리

조각도자리

시계자리

봉황새자리

이젤자리

그물자리

황새치자리

화학로자리, 조각도자리, 봉황새자리, 시계자리, 그물자리

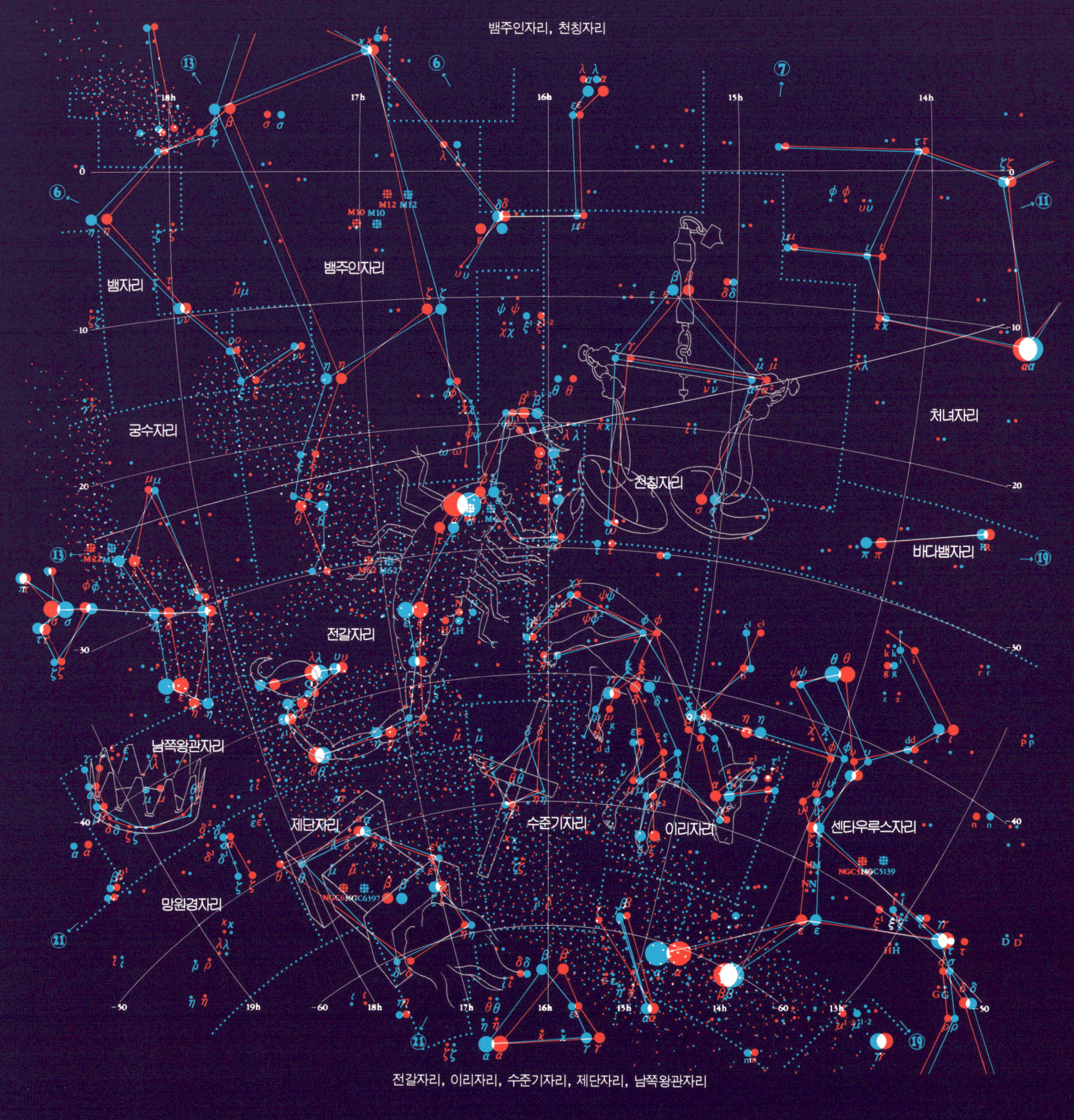

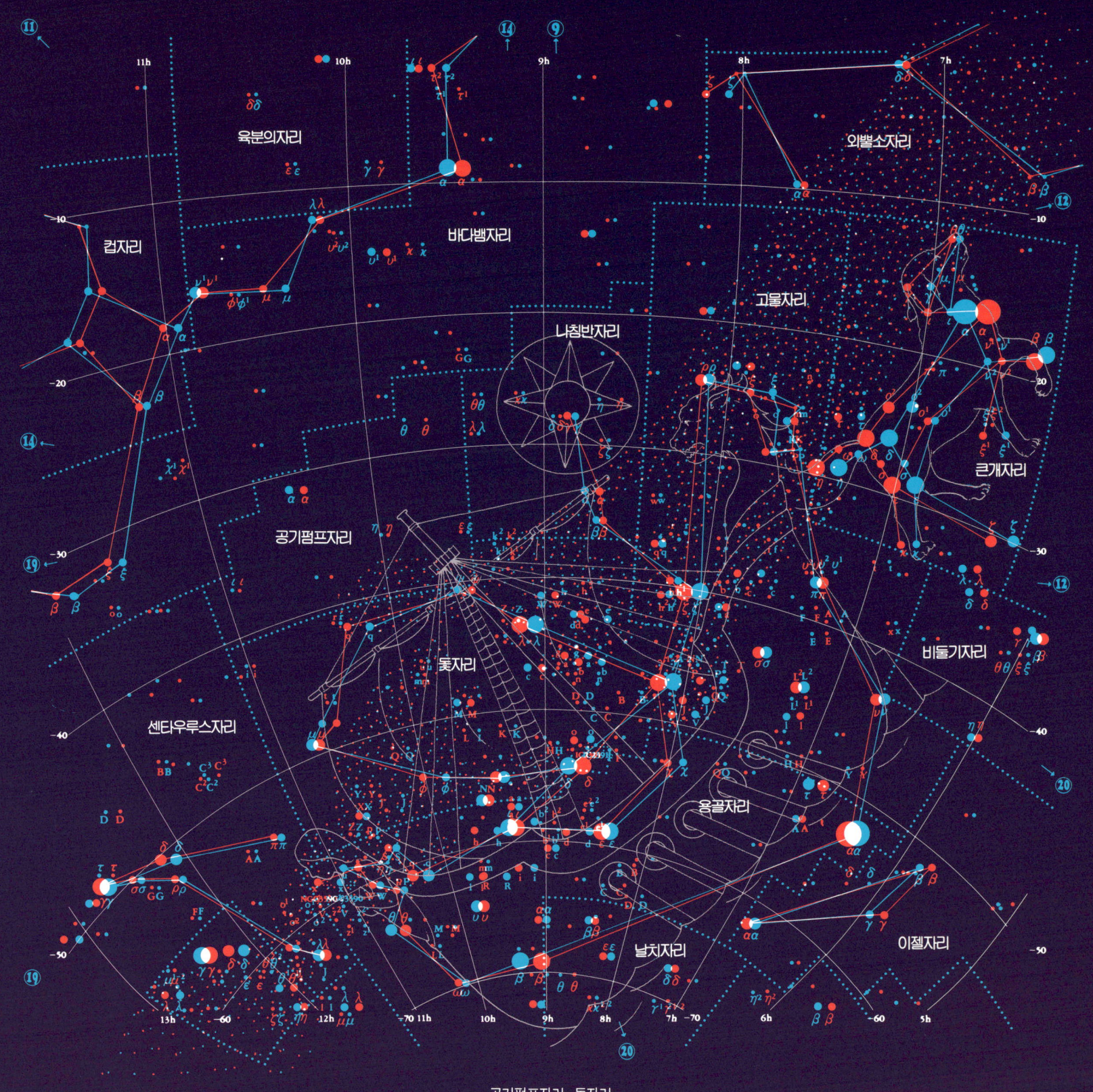

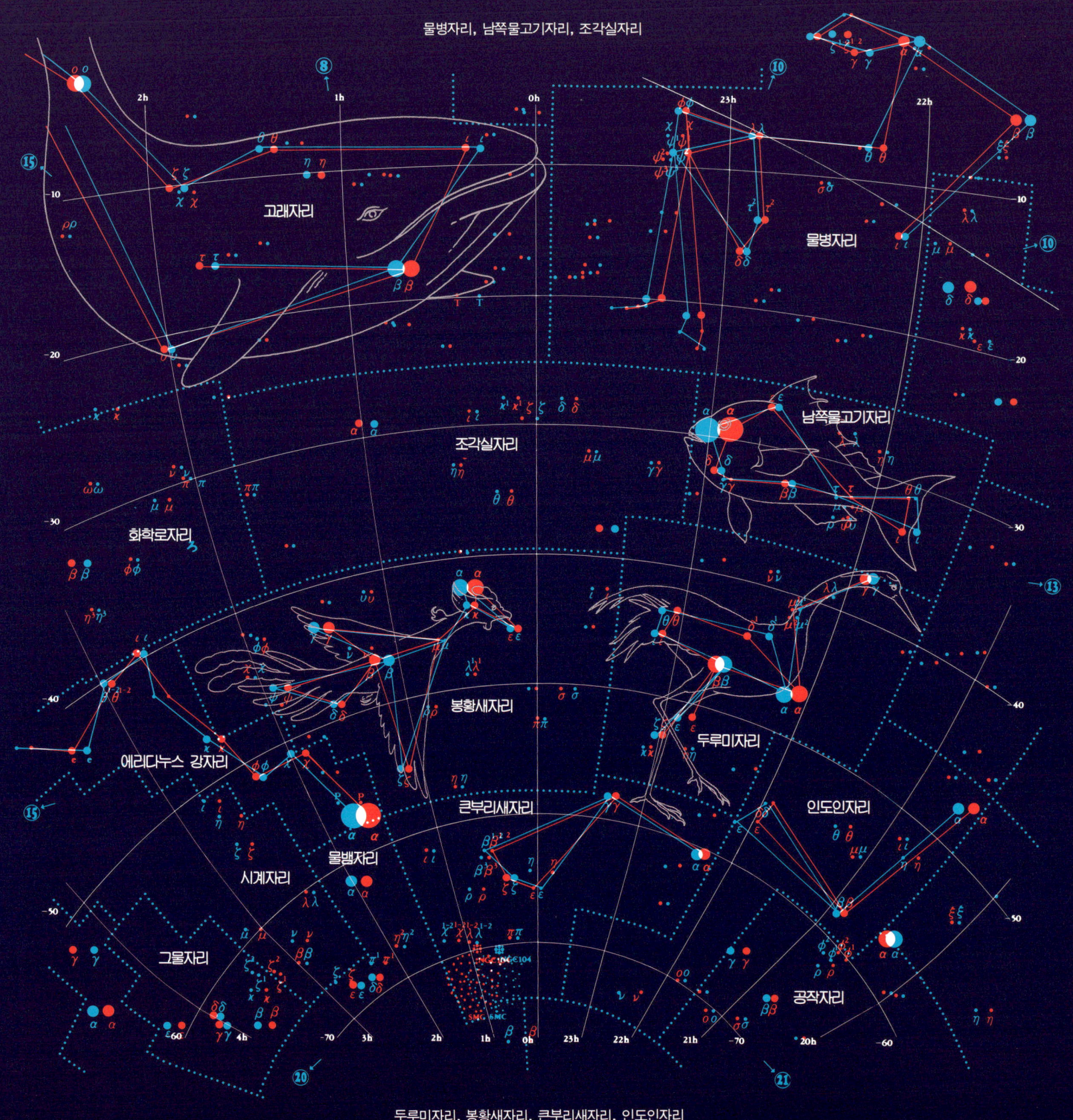

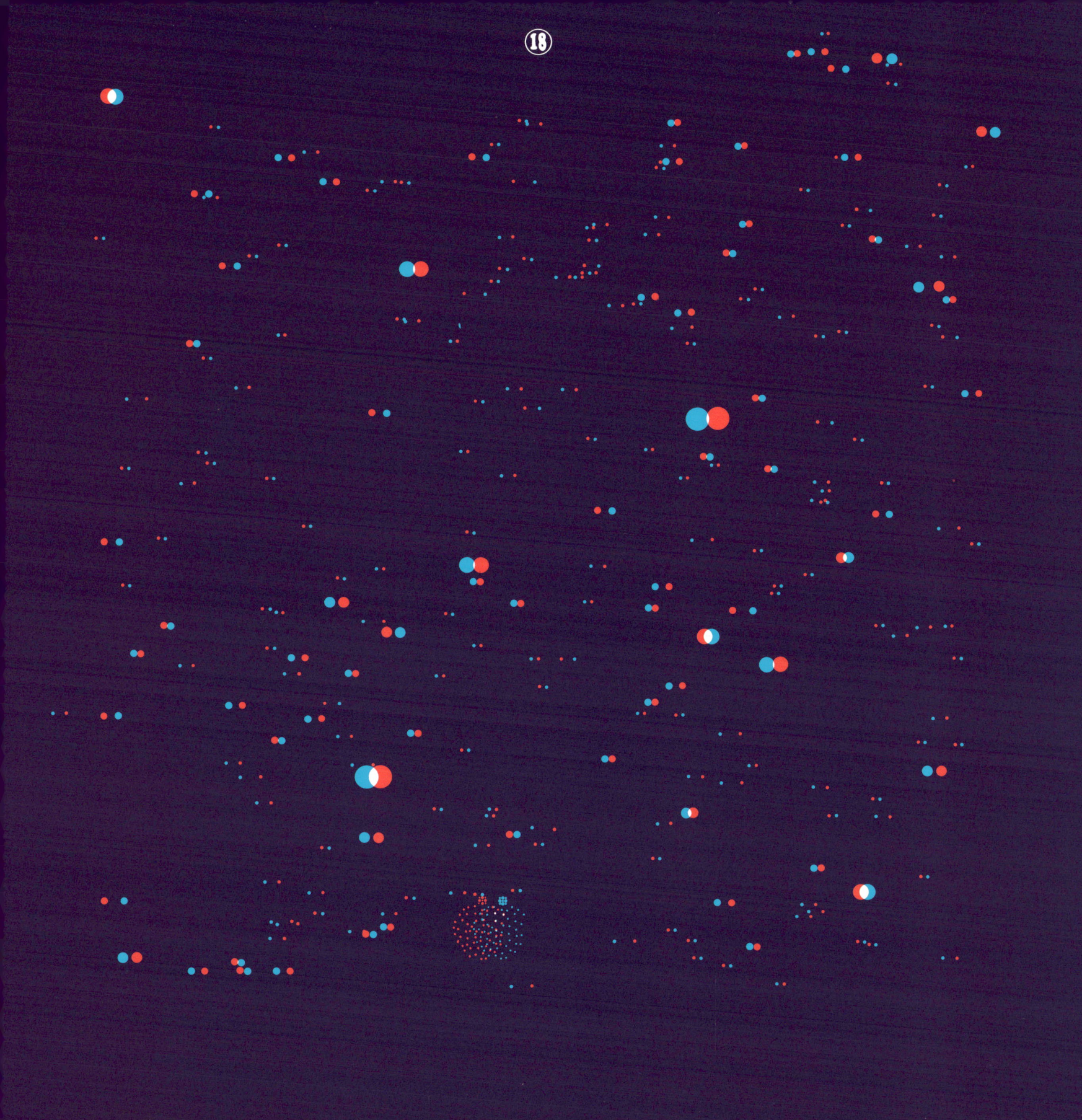

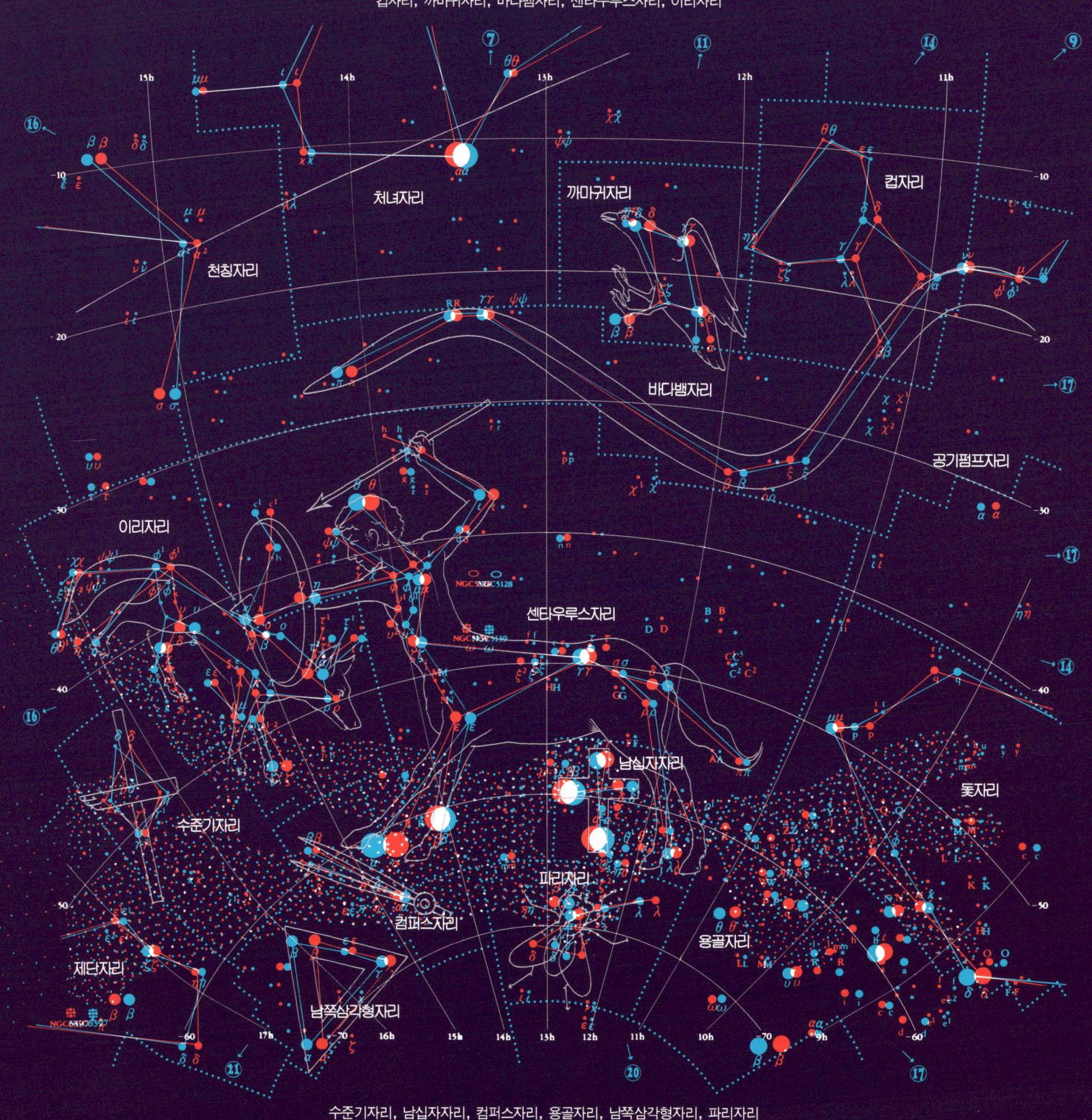

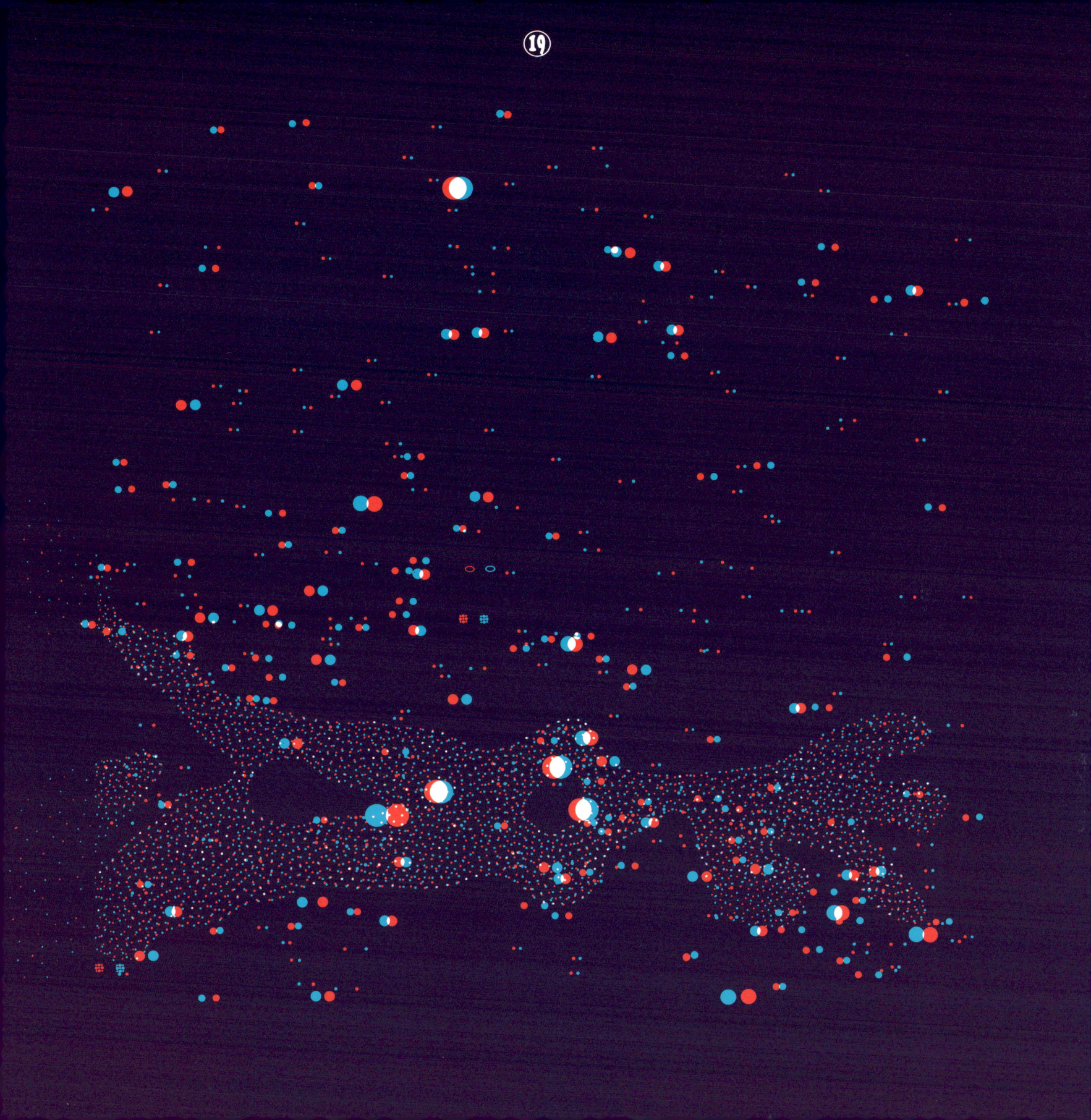

㉑

입체로 보는
3D 별자리 도감
안내서

입체 안경의 원리

사람은 두 눈으로 사물을 봅니다. 두 눈은 간격이 떨어져 있어서 같은 사물을 보더라도 왼쪽과 오른쪽 눈에 들어오는 영상은 각각 다릅니다(검지를 눈앞에 세우고 한쪽씩 눈을 감아 보세요). 뇌는 두 눈에 들어온 각기 다른 영상을 하나의 영상으로 결합하는데, 이때 결합하는 두 눈의 영상 정보가 다를수록 가깝고 입체적으로 보입니다. 입체 안경은 인위적으로 두 눈이 대상을 다르게 인식하게 만든 것입니다.

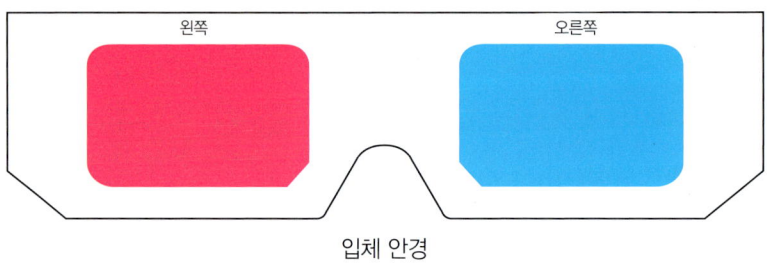

입체 안경

이 책은 별마다 빨간색과 파란색 두 점으로 그려져 있고, 입체 안경 렌즈의 왼쪽은 빨갛고, 오른쪽은 파랗기 때문에 두 눈은 각각 한 가지 색깔의 점밖에 보지 못합니다(두 눈을 번갈아 감아 보세요). 하나의 별을 두고 렌즈와 점의 색깔이 어긋나게 만나면, 대상에 대한 시각 정보의 차이가 커지면서 가까운 것처럼 보이는 착시 현상이 생깁니다. 반대로 렌즈와 점의 색깔이 평행하게 만나면, 평면적이고 멀리 있는 것처럼 느낍니다. 이렇게 가깝고 먼 별들이 조화를 이루면서 3차원 입체 별자리 영상이 탄생합니다.

별자리 지도 읽기

　천체 지도를 보면 '적위'와 '적경'라는 가로세로 선들이 그어져 있습니다. 이러한 선들은 별을 찾거나 위치를 다른 사람에게 알릴 때 꼭 필요한 하늘의 집 주소와 같은 것입니다.

　적위는 지구의 '적도'와 같이 천구를 가로로 가르는 선들이고, 적경은 지구의 '춘분점'에서 시작하는 세로선들입니다. 춘분점은 지구의 공전 궤도상에서 봄이 시작하는 시점을 나타낸 것으로, 춘분점에서 지구의 적도를 따라 반시계 방향으로 한 바퀴 돌며 시간으로 나눈 것이 바로 적경입니다. 그래서 적경은 단위로 '시간(h)'을 사용합니다. '적경 1시(h)'는 춘분점에서 반시계 방향으로 15°를 간 거리를 말합니다. 더 자세하게 분(m), 초(s) 단위까지 쪼갤 수 있습니다. 적위는 0°인 적도를 기준으로 북반구는 (+)로, 남반구는 (-)로 하여 '0°~±90°'로 나타냅니다.

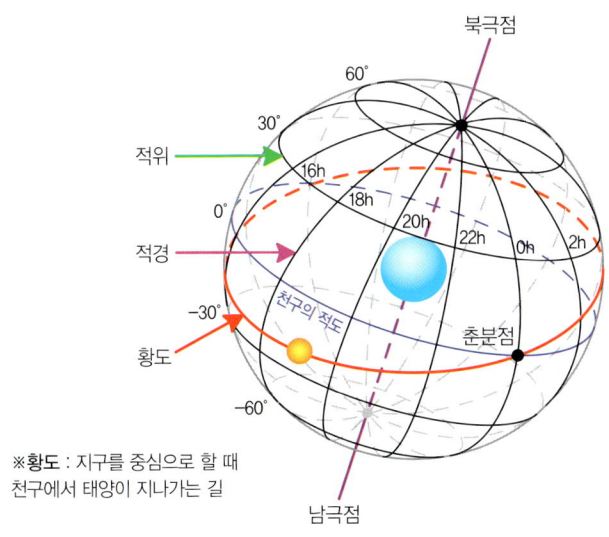

※**황도** : 지구를 중심으로 할 때 천구에서 태양이 지나가는 길

그리스 알파벳 읽는 법

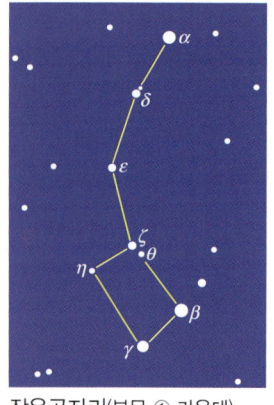

작은곰자리(본문 ① 가운데)

별자리 지도를 보면 별마다 α(알파), β(베타), γ(감마) 등 낯선 그리스 알파벳 소문자가 붙어 있습니다. 원래 별에는 각 지역마다 전해 오는 고유의 이름이 있지만, 이름이 제각각이라 널리 쓰기에는 불편했습니다. 17세기 독일의 천문학자 요한 바이어는 별의 밝기 순으로 그리스 알파벳을 붙이는 방법을 고안하였는데, 이 방법이 오늘날까지 이어지고 있습니다.

별자리마다 별이 밝은 순서대로 그리스 알파벳의 소문자를 붙입니다. 예를 들어 오리온자리에서 가장 밝은 별은 '오리온자리 알파별(Orion, α)'이며, 두 번째로 밝은 별은 '오리온자리 베타별(Orion, β)'입니다. 오리온자리 알파별의 원래 이름은 '베텔게우스'이고, 베타별의 이름은 '리겔'입니다. 그런데 간혹 알파벳 순서와 별의 밝기가 달라 보일 때가 있는데, 시간이 지나면서 별이 어두워졌거나 밝아졌기 때문입니다.

알파벳	읽는 법	알파벳	읽는 법	알파벳	읽는 법
α	알파	ι	요타	ρ	로
β	베타	κ	카파	σ	시그마
γ	감마	λ	람다	τ	타우
δ	델타	μ	뮤	υ	입실론
ε	엡실론	ν	뉴	φ	피
ζ	제타	ξ	크시	χ	키
η	에타	ο	오미크론	ψ	프시
θ	세타	π	파이	ω	오메가

※ 국립국어원 표준국어대사전 기준

별자리의 유래

　별자리는 예로부터 인간에게 농사의 계절을 알려 주고, 나침반이 없던 시절에는 여행자와 선원들의 길잡이가 되어 준 생활에 밀접한 존재였습니다. 나아가 사람들은 별의 아름다움에 반하여 별들을 연결해 이름을 붙이고, 이야기를 지어내며 특정한 의미를 부여했습니다.

　지금으로부터 약 5000년 전 고대 중동의 바빌로니아인들은 양자리, 황소자리, 쌍둥이자리, 게자리, 사자자리 등 오늘날의 '황도 12궁'(부록 12쪽 참고)을 비롯해 20여 개의 별자리를 기록에 남겼습니다. 그들은 농사를 위한 달력을 만들고, 사람들의 운명을 점치기 위해 별자리를 연구했다고 합니다. 비슷한 시기에 고대 이집트인들도 43개의 별자리로 농사의 시기를 정하고 건축물의 방향을 정했습니다.

　바빌로니아와 이집트의 별자리는 그리스로 전해져서 우리가 잘 알고 있는 그리스 로마의 별자리 신화로 발전하게 됩니다. 150년 무렵 그리스 천문학자 프톨레마이오스가 북반구의 별자리 48개를 집대성하는데, 이것이 나중에 유럽으로 전파되어 서구 별자리의 기초가 되었습니다.

　우리나라와 중국도 고대부터 태양이 지나가는 길을 따라 28개의 별자리를 만들어 '28수'라 부르며 농사와 각종 절기에 이용했습니다. 하지만 서구의 별자리에 비해 잘 알려지지는 못했습니다.

　15세기 유럽인들이 배를 타고 남반구를 여행하면서부터 남반구 별자리들이 새롭게 추가됩니다. 별자리가 많아지자 혼란을 막기 위해 1928년에 국제천문연맹(IAU)은 황도 12궁을 포함하여 총 88개의 표준 별자리를 확정하여 발표합니다. 이때부터 88개의 별자리가 오늘날까지 국제적으로 통용되고 있습니다.

별에 대한 기초 상식

별이란 무엇일까?

　별은 '스스로 빛을 내는 하늘의 물체'를 뜻합니다. 별은 가스와 먼지가 모인 '성간'이라는 우주의 거대한 구름 속에서 무리 지어 태어납니다. 수소 기체와 먼지 덩어리가 모이다 보면 중력에 의해 중심으로 수축하면서 온도가 올라갑니다. 중심부가 충분히 뜨거워지면 핵융합 반응이 일어나면서 밝은 빛과 열을 뿜어내는 별이 탄생하지요. 별은 수억에서 수백억 년을 살다가 성간 속으로 되돌아갑니다. 가장 차갑고 적막한 우주에서 가장 뜨겁고 아름다운 별이 태어나는 것은 참 놀라운 일입니다.

별은 몇 개일까?

　밤하늘에 맨눈으로 관찰할 수 있는 별의 개수는 대략 2천 개 정도입니다. 과학자들은 우주 공간에 약 1000억 개의 은하가 있는 것으로 추정합니다. 그런데 별의 개수가 아니라 은하의 개수입니다! 은하는 '우주 공간 속에서 별이 모여 있는 집단'을 말하는데, 하나의 은하 안에는 1000~2000억 개의 별이 있다고 하니, 도저히 헤아리기 힘든 수의 별이 우주에 있는 것입니다.

별의 밝기

　밤하늘의 어떤 별은 밝아서 눈에 잘 띄지만, 어떤 별은 보일 듯 말 듯 희미합니다. 사람들은 맨눈으로 보았을 때를 기준으로 별의 '겉보기 등급'을 매겼습니다. 가장 밝은 별은 '1등성'이고, 가장 어두운 별은 '6등성'입니다. 이보다 어두운 별은 맨눈으로 보기 힘듭니다. 겉보기 등급으로 가장 밝은 별은 시리우스(큰개자리, α)로 −1.5등성입니다. 보름달은 −12등성, 태양은 −27등성이나 됩니다('−' 값이 커질수록 밝은 별). 그러나 겉보기 등급과 별의 실제 밝기는 차이가 큽니다. 아무리 밝은 별의 빛도 먼 거리를 오면서 우주 공간에 분산되기 때문이지요. 그래서 별들이 동일한 거리에 있다고 가정해서 밝기를 정하는 '절대 등급'이 있습니다. 절대 등급에 따르면 태양은 4.8등성밖에 되지 않으며, 겉보기 등급으로 1.3등성인 데네브(백조자리, α)가 -7.4등성으로 가장 밝은 별이 됩니다.

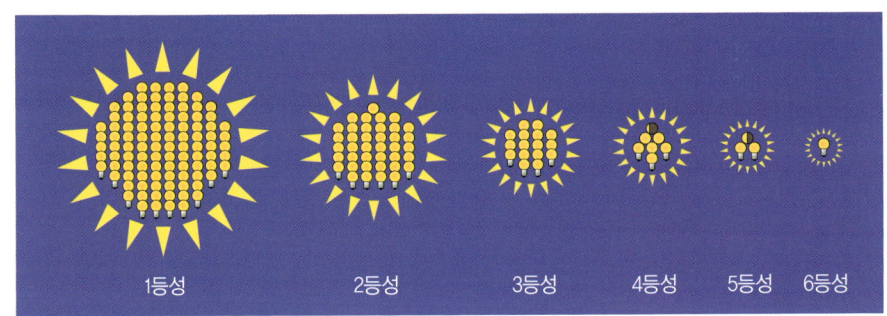

1등성의 밝기는 6등성의 100배이다.

별마다 다른 색깔

가스레인지에 불을 켜고 철사를 대면 철사가 뜨거워지면서 빨간색으로 변합니다. 만약에 철사를 더 높은 온도로 가열하면, 철사는 흰색으로 변했다가 나중엔 파란색으로 변할 것입니다. 이처럼 물질은 온도에 따라 다른 색깔을 띱니다. 별 또한 표면온도에 따라 색깔이 다릅니다.

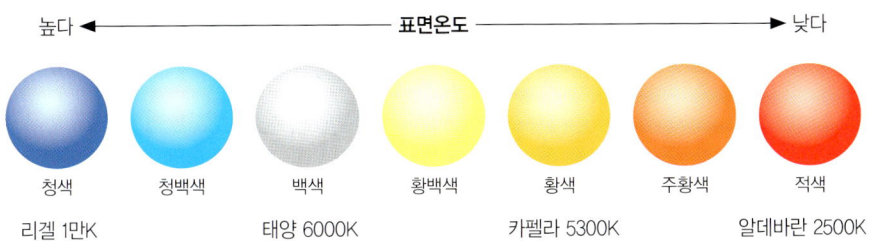

절대온도(K) : 이론적으로 물질의 최저 온도를 가정하여 눈금을 매기는 온도 체계이다. '온도'란 실제적으로 입자의 운동 상태를 뜻하는데, 입자가 아무런 운동을 하지 않을 때 최저 온도가 된다. 이것을 절대온도 '0K'로 표시하는데 -273.15℃에 해당한다. 절대온도는 사물을 정확히 측정하려는 과학자들의 필요에 의해 만들어졌다.

별의 이동(별의 일주 운동)

밤길을 걷다 하늘을 가끔씩 쳐다보면, 별이 어느새 움직여 있어서 보고 놀랐던 경험이 있을 것입니다. 사실 별은 가만히 있지만 지구가 '자전 운동', 즉 지구의 북극과 남극을 잇는 축을 중심으로 매일 한 바퀴씩 회전하기 때문에 우리 눈에는 별이 움직이는 듯 보이는 것이지요. 지구 자전 때문에 생기는 별의 움직임을 '별의 일주 운동'이라고 합니다. 별들은 북극성(작은곰자리, α)을 중심으로 1시간에 15°씩 서쪽으로 움직입니다.

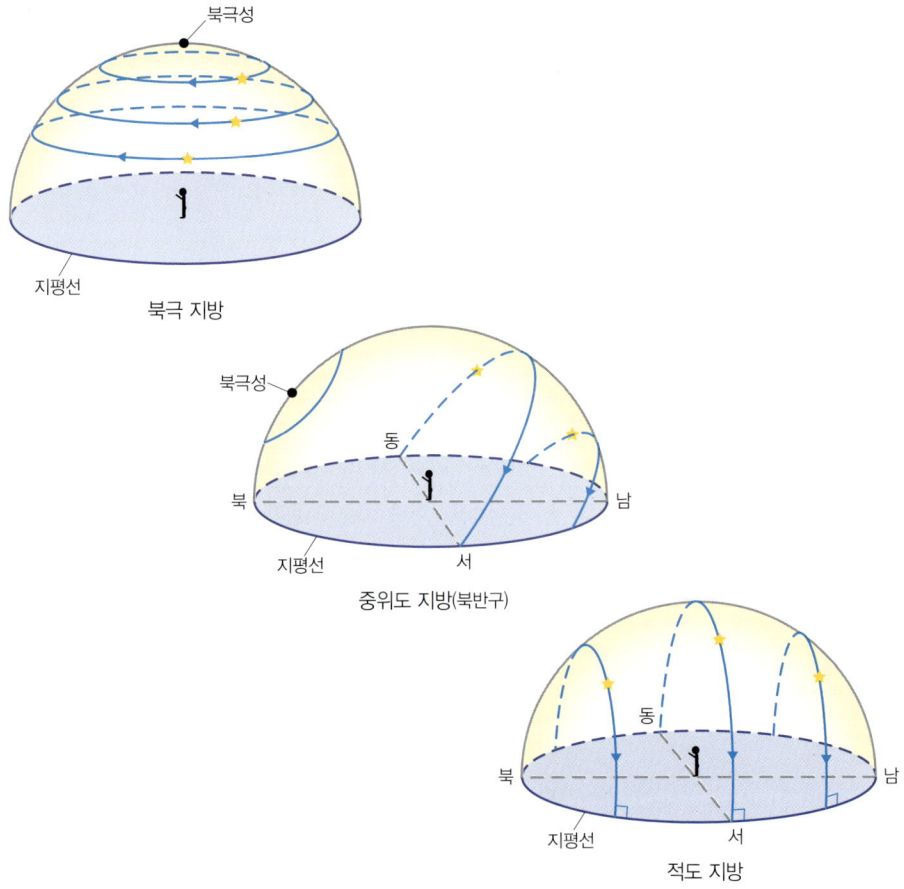

각 지방에서 본 별의 일주 운동

계절마다 다른 별자리(별의 연주 운동)

 지구는 자전뿐 아니라 1년 주기로 태양 주위를 360° 도는 '공전'도 합니다. 1년이 365일이니까 별자리는 날마다 동쪽으로 약 1°씩 이동하는 셈입니다. 우리 눈에는 마치 별자리가 움직여서 계절마다 별자리가 달라지는 것으로 보이는데, 이러한 움직임을 '별의 연주 운동'이라고 합니다. 지금이 여름이라면 겨울철의 별자리들은 낮의 태양빛에 가려서 보이지 않습니다.

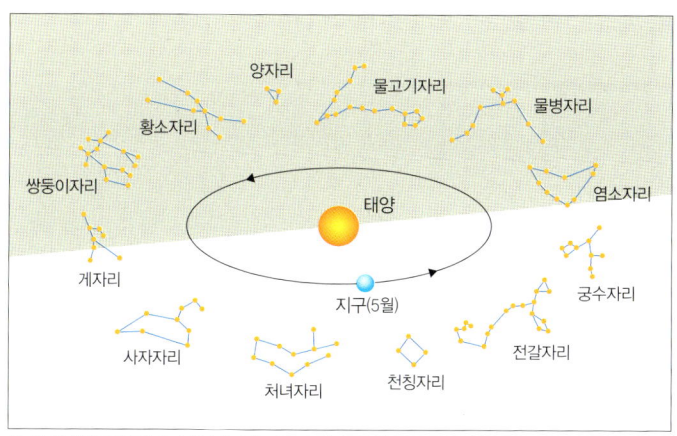

봄철의 별자리(밝은 부분에 있는 별자리가 봄철에 보인다.)

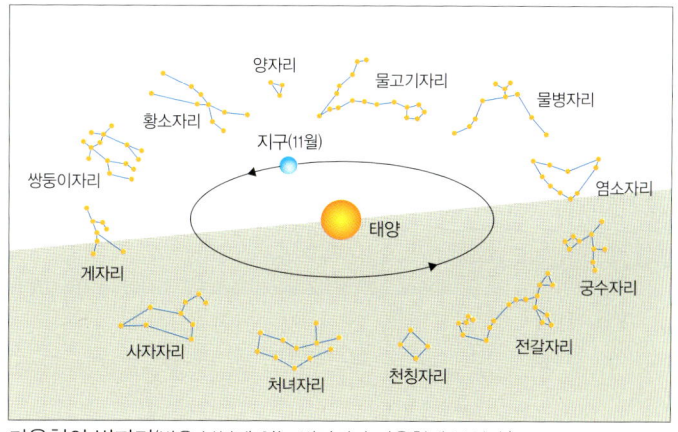

가을철의 별자리(밝은 부분에 있는 별자리가 가을철에 보인다.)

별과 지구와의 거리

별과 지구와의 거리는 너무 멀어서 '광년'이라는 빛의 단위를 이용합니다. 1광년은 빛이 진공 속에서 1년 동안 나아간 거리를 나타냅니다. 북극성과 지구와의 거리는 지구로부터 430광년인데, 우리가 빛의 속도로 가면 430년이 걸려야 도착한다는 뜻입니다. 길이 단위로 환산하면 약 4천 40조km에 이릅니다. 별마다 지구와의 거리가 다릅니다. 큰곰자리에 속한 북두칠성(본문 ① 가운데 참고)을 맨눈으로 보면 7개의 별이 평면에 놓인 것 같지만, 실제 지구와 떨어진 거리는 별마다 차이가 매우 큽니다.

① 두베(큰곰자리, α) 124광년
② 메라크(큰곰자리, β) 79광년
③ 페크다(큰곰자리, γ) 84광년
④ 메그레즈(큰곰자리, δ) 81광년
⑤ 알리오스(큰곰자리, ε) 81광년
⑥ 미자르(큰곰자리, ζ) 78광년
⑦ 알카이드(큰곰자리, η) 101광년

북두칠성 각 별과 지구와의 실제 거리

별의 크기

우리 눈에는 태양과 달이 제일 크고 나머지 별들은 빛나는 작은 점으로만 보입니다. 그런데 태양과 달은 지구와 거리가 가깝기 때문에 크게 보일 뿐, 별들의 크기는 실제로 무척 다양합니다. 예를 들어 오리온자리 알파별인 베텔게우스는 태양보다 무려 900배나 크답니다!

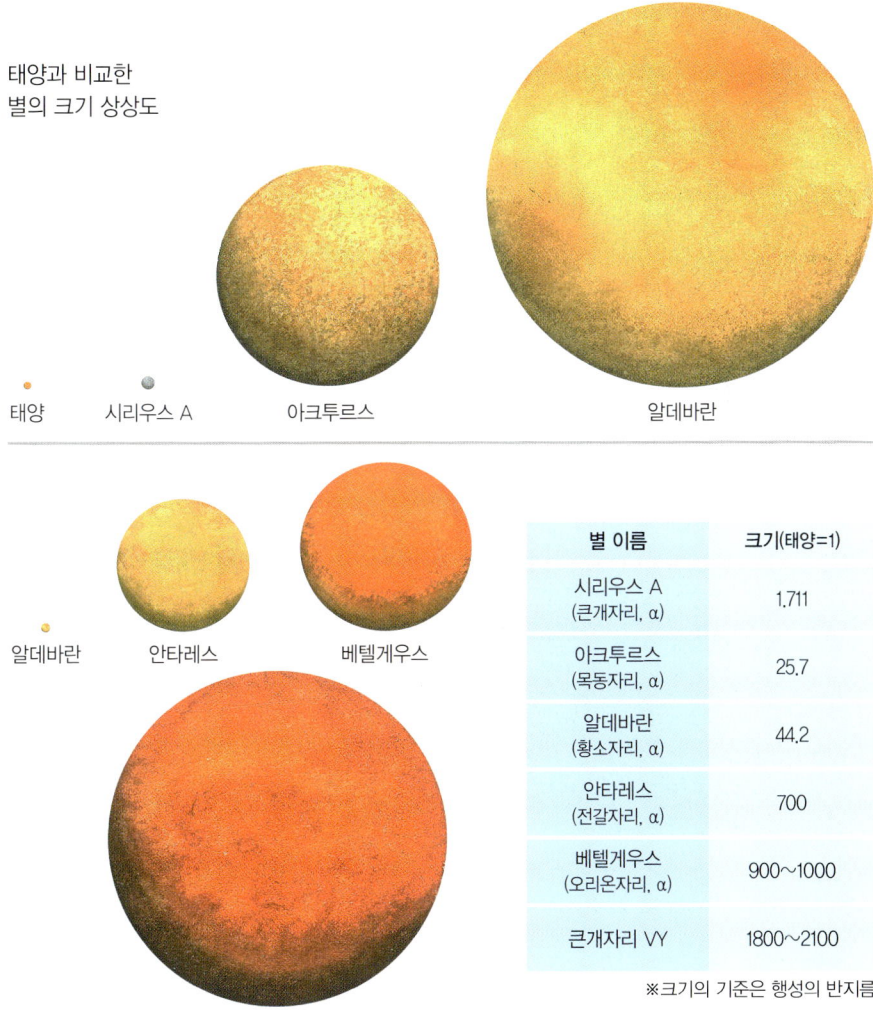

태양과 비교한
별의 크기 상상도

별 이름	크기(태양=1)
시리우스 A (큰개자리, α)	1.711
아크투르스 (목동자리, α)	25.7
알데바란 (황소자리, α)	44.2
안타레스 (전갈자리, α)	700
베텔게우스 (오리온자리, α)	900~1000
큰개자리 VY	1800~2100

※크기의 기준은 행성의 반지름

황도 12궁

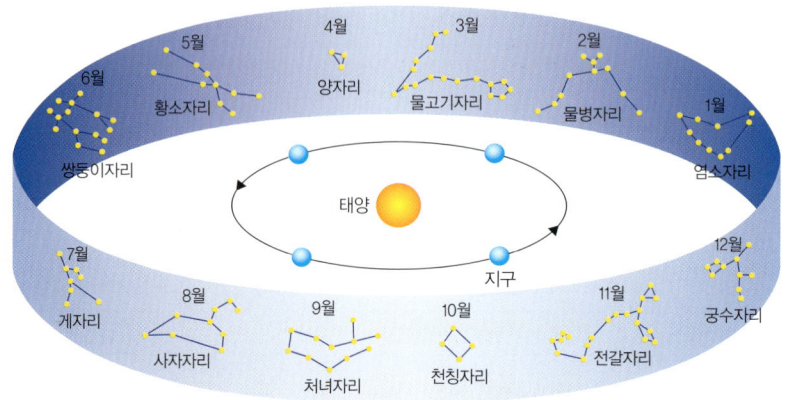

고대 서양의 황도 12궁 별자리 지도

　인류는 오래전부터 계절을 구분하는 데 별자리를 이용했습니다. 하늘에서 태양이 1년 동안 움직인 길을 '황도'라 하고, 그 길을 따라 12개의 별자리를 정했습니다. 각 별자리가 계절에 따라 황도에서 규칙적으로 지나가는 것을 보고 달력으로 삼을 수 있었지요. 서양에서는 황도 12궁이 인간의 성격과 운명에 영향을 끼친다고 믿어 왔습니다. 오늘날에도 많은 사람들이 호기심을 갖고 자신의 탄생 별자리를 알아봅니다.

기호	별자리	생일	기호	별자리	생일
♒	물병자리	1월 20일 ~ 2월 18일	♌	사자자리	7월 23일 ~ 8월 22일
♓	물고기자리	2월 19일 ~ 3월 20일	♍	처녀자리	8월 23일 ~ 9월 22일
♈	양자리	3월 21일 ~ 4월 19일	♎	천칭자리	9월 23일 ~ 10월 22일
♉	황소자리	4월 20일 ~ 5월 20일	♏	전갈자리	10월 23일 ~ 11월 21일
♊	쌍둥이자리	5월 21일 ~ 6월 20일	♐	궁수자리	11월 22일 ~ 12월 21일
♋	게자리	6월 21일 ~ 7월 22일	♑	염소자리	12월 22일 ~ 1월 19일

국제천문연맹 지정 88개 별자리

별자리	학명	약자	적경	적위
거문고자리	Lyra	Lyr	18h 54m	40° 39′
게자리	Cancer	Cnc	8h 30m	23° 34′
고래자리	Cetus	Cet	1h 43m	−6° 22′
고물자리	Puppis	Pup	7h 52m	−32° 37′
공기펌프(펌프)자리	Antlia	Ant	10h 7m	−33° 21′
공작자리	Pavo	Pav	19h 10m	−65° 52′
궁수(사수)자리	Sagittarius	Sgr	19h 23m	−29° 53′
그물자리	Reticulum	Ret	3h 54m	−60° 31′
극락조자리	Apus	Aps	16h 8m	−76° 35′
기린자리	Camelopardalis	Cam	6h 9m	71° 58′
까마귀자리	Corvus	Crv	12h 23m	−18° 38′
나침반자리	Pyxis	Pyx	8h 53m	−29° 47′
날치자리	Volans	Vol	7h 40m	−69° 37′
남십자자리	Crux	Cru	12h 29m	−60° 18′
남쪽물고기자리	Piscis Austrinus	PsA	22h 25m	−31° 34′
남쪽삼각형자리	Triangulum Australe	TrA	16h 7m	−65° 6′
남쪽왕관자리	Corona Australis	CrA	18h 39m	−41° 45′
도마뱀자리	Lacerta	Lac	22h 31m	46° 40′
독수리자리	Aquila	Aql	19h 41m	3° 22′
돌고래자리	Delphinus	Del	20h 40m	12° 6′
돛자리	Vela	Vel	9h 20m	−48° 29′
두루미자리	Grus	Gru	22h 27m	−45° 49′
마차부자리	Auriga	Aur	5h 57m	42° 49′
망원경자리	Telescopium	Tel	19h 15m	−51° 28′
머리털자리	Coma Berenices	Com	12h 45m	22° 39′
목자(목동)자리	Bootes	Boo	14h 41m	32° 20′
물고기자리	Pisces	Psc	0h 53m	15° 29′
물뱀자리	Hydrus	Hyi	2h 35m	−72° 55′

별자리	학명	약자	적경	적위
물병자리	Aquarius	Aqr	22h 42m	−10° 28′
바다뱀자리	Hydra	Hya	9h 8m	−11° 41′
방패자리	Scutum	Sct	18h 39m	−10° 53′
백조자리	Cygnus	Cyg	20h 36m	49° 35′
뱀자리	Serpens	Ser	15h 44m	10° 51′
뱀주인(땅꾼)자리	Ophiuchus	Oph	17h 2m	−2° 21′
봉황새자리	Phoenix	Phe	0h 44m	−48° 46′
북쪽왕관(왕관)자리	Corona Borealis	CrB	15h 53m	32° 38′
비둘기자리	Columba	Col	5h 42m	−37° 55′
사냥개자리	Canes Venatici	CVn	13h 1m	42° 21′
사자자리	Leo	Leo	10h 0m	7° 0′
살쾡이자리	Lynx	Lyn	7h 44m	47° 50′
삼각형자리	Triangulum	Tri	2h 3m	32° 20′
세페우스(케페우스)자리	Cepheus	Cep	22h 25m	72° 34′
센타우루스(켄타우르스)자리	Centaurus	Cen	12h 57m	−44° 0′
수준기(직각자)자리	Norma	Nor	16h 3m	−52° 43′
시계자리	Horologium	Hor	3h 13m	−52° 0′
쌍둥이자리	Gemini	Gem	6h 51m	24° 49′
안드로메다자리	Andromeda	And	0h 34m	39° 15′
양자리	Aries	Ari	2h 41m	22° 34′
에리다누스 강(에리다누스)자리	Eridanus	Eri	3h 53m	−17° 59′
여우자리(작은여우)자리	Vulpecula	Vul	20h 22m	25° 2′
염소자리	Capricornus	Cap	21h 3m	−19° 21′
오리온자리	Orion	Ori	5h 34m	3° 35′
외뿔소자리	Monoceros	Mon	6h 58m	−3° 16′
용골자리	Carina	Car	7h 46m	−57° 50′
용자리	Draco	Dra	17h 57m	66° 4′
육분의자리	Sextans	Sex	10h 6m	−1° 8′
이젤(화가)자리	Pictor	Pic	5h 23m	−51° 22′
이리자리	Lupus	Lup	15h 23m	−42° 43′

별자리	학명	약자	적경	적위
인도인(인디언)자리	Indus	Ind	21h 8m	−52° 19′
작은개자리	Canis Minor	CMi	7h 37m	6° 46′
작은곰자리	Ursa Minor	UMi	14h 58m	75° 2′
작은사자자리	Leo Minor	LMi	10h 19m	33° 14′
전갈자리	Scorpius	Sco	16h 52m	−35° 20′
제단자리	Ara	Ara	17h 14m	−51° 7′
조각도(조각칼)자리	Caelum	Cae	4h 43m	−38° 10′
조각실(조각가)자리	Sculptor	Scl	1h 0m	−38° 31′
조랑말자리	Equuleus	Equ	21h 15m	7° 56′
처녀자리	Virgo	Vir	13h 21m	−3° 31′
천칭자리	Libra	Lib	15h 11m	−15° 33′
카멜레온자리	Chamaeleon	Cha	12h 0m	−81° 1′
카시오페이아자리	Cassiopeia	Cas	0h 52m	60° 18′
컴퍼스자리	Circinus	Cir	14h 32m	−67° 18′
컵자리	Crater	Crt	11h 21m	−38° 45′
큰개자리	Canis Major	CMa	6h 50m	−22° 19′
큰곰자리	Ursa Major	UMa	10h 16m	57° 29′
큰부리새자리	Tucana	Tuc	23h 50m	−64° 56′
테이블산자리	Mensa	Men	5h 30m	−79° 1′
토끼자리	Lepus	Lep	5h 26m	−19° 39′
파리자리	Musca	Mus	12h 28m	−69° 8′
팔분의자리	Octans	Oct	22h 10m	−84° 16′
페가수스자리	Pegasus	Peg	22h 37m	19° 39′
페르세우스자리	Perseus	Per	3h 31m	44° 46′
헤르쿨레스자리	Hercules	Her	17h 26m	31° 14′
현미경자리	Microscopium	Mic	20h 57m	−37° 48′
화학로(화로)자리	Fornax	For	2h 46m	−26° 4′
화살자리	Sagitta	Sge	19h 40m	17° 0′
황새치자리	Dorado	Dor	5h 20m	−63° 1′
황소자리	Taurus	Tau	4h 6m	17° 20′

우리나라에서 볼 수 있는 58개 별자리

 지구 북반구에 있는 우리나라에서는 남반구 별자리를 일부만 볼 수 있습니다. 부분적으로 볼 수 있는 별자리까지 합치면 모두 58개 정도 되는데 그중에는 눈에 잘 띄어서 길잡이 역할을 해 주는 별들이 있습니다. 길잡이별을 이용하면 계절별로 별자리를 쉽게 찾을 수 있습니다.

① 봄

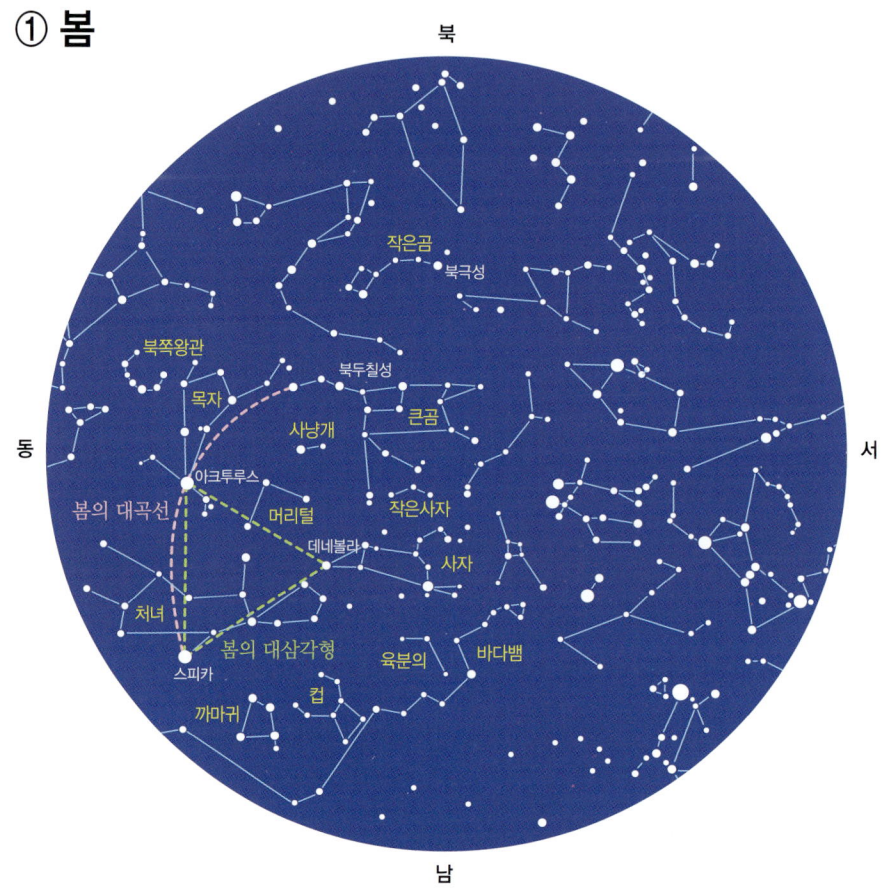

| **봄철의 길잡이 별** | (본문 ⑦ 가운데 참고)

• 봄의 대곡선 : 북두칠성의 손잡이 부분 → 아크투루스(목동자리. α) → 스피카(처녀자리. α)
• 봄의 대삼각형 : 아크투루스 → 스피카 → 데네볼라(사자자리. β)

| 봄철 별자리 14개 |

별자리	학명	약자	적경	적위
큰곰자리	Ursa Major	UMa	10h 16m	57° 29′
센타우루스(켄타우르스)자리	Centaurus	Cen	12h 57m	−44° 0′
컵자리	Crater	Crt	11h 21m	−38° 45′
처녀자리	Virgo	Vir	13h 21m	−3° 31′
작은사자자리	Leo Minor	LMi	10h 19m	33° 14′
작은곰자리	Ursa Minor	UMi	14h 58m	75° 2′
육분의자리	Sextans	Sex	10h 6m	−1° 8′
북쪽왕관(왕관)자리	Corona Australis	CrB	15h 53m	32° 38′
사자자리	Leo	Leo	10h 0m	7° 0′
사냥개자리	Canes Venatici	CVn	13h 1m	42° 21′
바다뱀자리	Hydra	Hya	9h 8m	−11° 41′
목자(목동)자리	Bootes	Boo	14h 41m	32° 20′
머리털자리	Coma Berenices	Com	12h 45m	22° 39′
까마귀자리	Corvus	Crv	12h 23m	−18° 38′

　봄철에는 지구가 은하의 북쪽을 향하기 때문에 겨울철에 비해 별들이 적습니다. 봄철 별자리들은 봄의 대곡선 서편에 몰려 있으며 대부분이 어두워서 찾기가 쉽지 않습니다.

　바다뱀자리는 가장 긴 별자리로, 게자리, 육분의자리, 까마귀자리, 처녀자리의 남쪽을 꾸불꾸불 지나 동서를 가릅니다. 큰곰자리는 북반구 하늘에서 가장 큰 별자리에 속하며, 작은곰자리와 더불어 우리나라에서는 일 년 내내 볼 수 있는 별자리이기도 합니다. 사자, 사냥개, 곰, 까마귀 등 유난히 사나운 짐승들이 많이 보이는 계절입니다.

② 여름

여름철은 은하수가 아름답게 빛나는 계절입니다. 우리 은하의 중심부가 여름 하늘에만 보이기 때문이지요. 여름 밤하늘의 특징은 아름다운 은하수를 배경으로 별자리가 모여 있다는 것입니다.

| 여름철의 길잡이 별 | (본문 ⑥ 참고)

• 여름의 대삼각형 : 베가(거문고자리, α) → 알타이르(독수리자리, α) → 데네브(고니자리, α)

| 여름철 별자리 13개 |

별자리	학명	약자	적경	적위
거문고자리	Lyra	Lyr	18h 54m	40° 39′
독수리자리	Aquila	Aql	19h 41m	3° 22′
뱀주인(땅꾼)자리	Ophiuchus	Oph	17h 2m	−2° 21′
방패자리	Scutum	Sct	18h 39m	−10° 53′
백조자리	Cygnus	Cyg	20h 36m	49° 35′
뱀자리	Serpens	Ser	15h 44m	10° 51′
궁수(사수)자리	Sagittarius	Sgr	19h 23m	−29° 53′
용자리	Draco	Dra	17h 57m	66° 4′
여우(작은여우)자리	Vulpecula	Vul	20h 22m	25° 2′
전갈자리	Scorpius	Sco	16h 52m	−35° 20′
천칭자리	Libra	Lib	15h 11m	−15° 33′
헤르쿨레스자리	Hercules	Her	17h 26m	31° 14′
화살자리	Sagitta	Sge	19h 40m	17° 0′

여름밤에는 여름의 대삼각형을 중심으로 서쪽에 영웅 헤르쿨레스자리가 있고 남쪽에 궁수자리가 있습니다. 은하수 위를 날아다니는 십자 모양의 백조자리도 쉽게 찾을 수 있습니다. 은하수를 사이에 두고 견우(독수리자리, α)와 직녀(거문고자리, α)가 칠월칠석날을 기다리며 빛나는 광경을 볼 수 있고, 커다란 S자 모양의 전갈자리는 남쪽 하늘에서 매섭게 빛납니다.

별자리 중에는 그 명칭과 모양이 전혀 닮지 않은 경우가 있습니다. 그래서 전문가도 가끔은 헷갈린다고 하니 별자리를 잘 찾지 못한다고 해서 실망할 필요가 없답니다.

③ 가을

　가을철 밤하늘은 우리나라가 속한 북반구가 은하의 밑을 향하기 때문에 밝은 별이 그리 많이 보이지 않습니다. 그렇지만 우리나라의 가을은 맑고 건조한 날씨가 많아 어두운 별자리도 비교적 잘 찾을 수 있습니다.

| 가을철의 길잡이 별 | (본문 ⑩ 위 참고)

- 가을의 대사각형 : 마르카브(페가수스, α) → 알게니브(페가수스, γ) → 알페라츠(페가수스, μ) → 쉬트(페가수스, β)

| 가을철 별자리 16개 |

별자리	학명	약자	적경	적위
고래자리	Cetus	Cet	1h 43m	−6° 22′
남쪽물고기자리	Piscis Austrinus	PsA	22h 25m	−31° 34′
도마뱀자리	Lacerta	Lac	22h 31m	46° 40′
돌고래자리	Delphinus	Del	20h 40m	12° 6′
물고기자리	Pisces	Psc	0h 53m	15° 29′
물병자리	Aquarius	Aqr	22h 42m	−10° 28′
삼각형자리	Triangulum	Tri	2h 3m	32° 20′
안드로메다자리	Andromeda	And	0h 34m	39° 15′
양자리	Aries	Ari	2h 41m	22° 34′
염소자리	Capricornus	Cap	21h 3m	−19° 21′
조각실(조각가)자리	Sculptor	Scl	1h 0m	−38° 31′
조랑말자리	Equuleus	Equ	21h 15m	7° 56′
카시오페이아자리	Cassiopeia	Cas	0h 52m	60° 18′
세페우스(케페우스)자리	Cepheus	Cep	22h 25m	72° 34′
페가수스자리	Pegasus	Peg	22h 37m	19° 39′
페르세우스자리	Perseus	Per	3h 31m	44° 46′

 페가수스자리의 대사각형을 중심으로 북쪽엔 페르세우스자리, 동쪽에는 양자리와 물고기자리가 있고, 남쪽으로는 고래자리와 물병자리가 있습니다. 에티오피아의 왕 세페우스자리와 왕비 카시오페이아자리, 딸인 안드로메다자리, 안드로메다의 남편 페르세우스자리, 페르세우스의 애마인 페가수스자리까지 등장해 재미있는 이야기가 하늘에 펼쳐집니다. W 모양의 카시오페이아자리는 가을밤을 대표하는 유명한 별자리로 눈에 잘 띄어서 쉽게 찾을 수 있습니다.

④ 겨울

사계절 중 가장 화려한 밤하늘이라면 단연 겨울밤을 들 수 있습니다. 겨울에는 공기가 건조하고 맑기 때문에 별빛이 잘 보이기도 하지만, 1등성 별들의 절반이 겨울철에 모여 있기 때문이지요. 가장 밝은 별인 시리우스도 겨울철에 만날 수 있습니다.

| 겨울철의 길잡이 별 | (본문 ⑫ 가운데 참고)

- 겨울의 대삼각형 : 프로키온(작은개자리, α) → 시리우스(큰개자리, α) → 베텔게우스(오리온자리, α)
- 겨울의 다이아몬드(대육각형) : 프로키온 → 시리우스 → 베텔게우스 → 알데바란(황소자리, α) → 카펠라(마차부자리, α) → 폴룩스(쌍둥이자리, β)

| 겨울철 별자리 15개 |

별자리	학명	약자	적경	적위
게자리	Cancer	Cnc	8h 30m	23° 34′
고물자리	Puppis	Pup	7h 52m	−32° 37′
기린자리	Camelopardalis	Cam	6h 9m	71° 58′
나침반자리	Pyxis	Pyx	8h 53m	−29° 47′
마차부자리	Auriga	Aur	5h 57m	42° 49′
비둘기자리	Columba	Col	5h 42m	−37° 55′
살쾡이자리	Lynx	Lyn	7h 44m	47° 50′
쌍둥이자리	Gemini	Gem	6h 51m	24° 49′
에리다누스 강(에리다누스)자리	Eridanus	Eri	3h 53m	−17° 59′
오리온자리	Orion	Ori	5h 34m	3° 35′
외뿔소자리	Monoceros	Mon	6h 58m	−3° 16′
작은개자리	Canis Minor	CMi	7h 37m	6° 46′
큰개자리	Canis Major	CMa	6h 50m	−22° 19′
토끼자리	Lepus	Lep	5h 26m	−19° 39′
황소자리	Taurus	Tau	4h 6m	17° 20′

오리온자리는 화려하고 찾기 쉬워서 '겨울밤 하늘의 왕자'로 불립니다. 1등성 베텔게우스와 리겔 사이에 2등성 별 3개가 나란히 모여 있어 쉽게 찾을 수 있습니다. 그리스 신화에서 오리온과 전갈은 서로 맞수로 등장하지요. 그래서인지 겨울이 되어 오리온자리가 동쪽에서 모습을 드러낼 때쯤이면, 여름철의 전갈자리가 서쪽으로 자취를 감춥니다.

별 중에서 가장 밝은 별로 알려진 시리우스가 속한 큰개자리는 남쪽에서 주인 오리온자리를 따르고 있습니다. 외뿔소자리는 대삼각형을 외양간 삼아 가운데에 있습니다.

국내의 공개 천문대

서울

연세대학교 천문대
주소 : 서울특별시 서대문구 연세로 50
　　　 연세대학교
전화번호 : 02-2123-3440
주 망원경 : 61cm 반사망원경
홈페이지 : obs.yonsei.ac.kr

경기도

송암천문대
주소 : 경기도 양주시 장흥면 권율로 185번길 103
　　　 송암스페이스센터
전화번호 : 031-894-6000
주 망원경 : 60cm 반사망원경
홈페이지 : www.starsvalley.com

세종천문대
주소 : 경기도 여주시 강천면 부평로 3길
전화번호 : 031-886-2200 / 02-3472-2620
주 망원경 : 66cm 반사망원경
홈페이지 : www.천문대.kr

강원도

국토정중앙천문대
주소 : 강원도 양구군 남면 국토정중앙로 127
전화번호 : 033-480-2586
주 망원경 : 80cm 반사망원경
홈페이지 : www.ckobs.kr

별마로천문대
주소 : 강원도 영월군 영월읍 천문대길 397
전화번호 : 033-372-8445
주 망원경 : 80cm 반사망원경
홈페이지 : www.yao.or.kr

전라도

곡성섬진강천문대
주소 : 전남 구례군 구례읍 섬진강로 1234
전화번호 : 061-363-8528
주 망원경 : 60cm 반사망원경
홈페이지 : www.gokseong.go.kr/star/

경상도

김해천문대
주소 : 경남 김해시 가야테마길 254
전화번호 : 055-337-3785
주 망원경 : 60cm 반사망원경
홈페이지 : www.ghast.or.kr

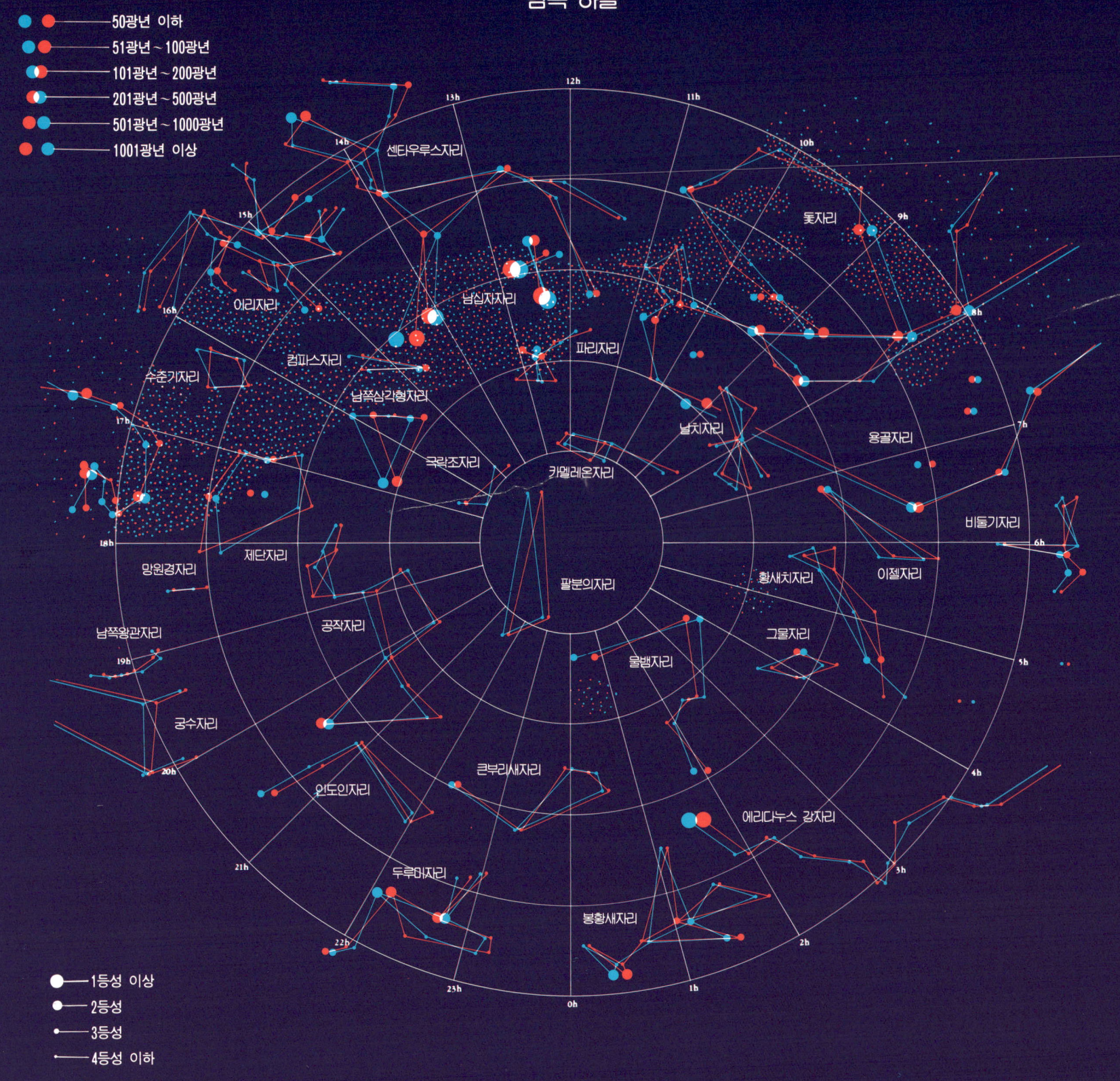

주요 별들은 어디에 있을까?

별 이름	별자리, 기호	위치
견우	독수리자리, α	→ 알타이르의 한자 이름
데네브	백조자리, α	③ 가운데, ⑥ 왼쪽 위
레굴루스	사자자리, α	④ 왼쪽 아래, ⑨ 가운데
리겔	오리온자리, β	⑤ 아래, ⑫ 가운데
묘성	황소자리, 산개성단 M45	→ 플레이아데스 성단을 말함.
미라	고래자리, o	⑮ 위
베가	거문고자리, α	③ 가운데, ⑥ 가운데
베텔게우스	오리온자리, α	⑤ 왼쪽 아래, ⑫ 위
북극성	작은곰자리, α	① 위, ② 위
시리우스	큰개자리, α	⑫ 가운데, ⑰ 오른쪽 위
스피카	처녀자리, α	⑪ 가운데, ⑲ 위
아케르나르	에리다누스 강자리, α	⑤ 아래, ⑳ 왼쪽
아르크투루스	목자자리, α	⑦ 가운데, ⑪ 왼쪽 위
안타레스	전갈자리, α	⑯ 가운데, 오른쪽 아래
알골	페르세우스자리, β	② 아래, ⑤ 오른쪽 위
알데바란	황소자리, α	⑤ 가운데
알타이르	독수리자리, α	③ 아래, ⑥ 왼쪽 아래, ⑬ 왼쪽 위
알파르드	바다뱀자리, α	⑨ 아래, ⑭ 가운데
직녀	거문고자리, α	→ 베가의 한자 이름
카노푸스	용골자리, α	⑰ 오른쪽 아래, ⑳ 가운데
카스토르	쌍둥이자리, α	④ 가운데, ⑤ 왼쪽
카펠라	마차부자리, α	⑤ 위
포말하우트	남쪽물고기자리, α	⑱ 오른쪽 가운데
폴룩스	쌍둥이자리, β	④ 가운데, ⑤ 왼쪽
프로키온	작은개자리, α	④ 아래, ⑫ 왼쪽
플레이아데스	황소자리, 산개성단 M45	⑤ 오른쪽
히아데스	황소자리, 산개성단	⑫ 오른쪽 위

어디에 어떤 별자리가 있을까?

장면	중심 위치 적경, 적위	별자리 이름
①	12h, +65°	용자리, 기린자리, 작은곰자리, 큰곰자리, 사냥개자리
②	3h, +65°	세페우스자리, 기린자리, 카시오페이아자리, 페르세우스자리
③	20h, +30°	도마뱀자리, 백조자리, 거문고자리, 여우자리, 화살자리, 돌고래자리, 조랑말자리
④	8h, +30°	살쾡이자리, 작은사자자리, 쌍둥이자리, 게자리, 작은개자리
⑤	5h, +30°	페르세우스자리, 마차부자리, 쌍둥이자리, 황소자리, 오리온자리
⑥	18h, +25°	거문고자리, 헤르쿨레스자리, 화살자리, 독수리자리, 뱀주인자리, 뱀자리, 방패자리
⑦	14h, +25°	목자자리, 사냥개자리, 북쪽왕관자리, 머리털자리, 뱀자리
⑧	1h, +25°	안드로메다자리, 삼각형자리, 양자리, 물고기자리
⑨	10h, +15°	작은사자자리, 게자리, 사자자리, 육분의자리, 바다뱀자리, 컵자리
⑩	22h, +5°	페가수스자리, 여우자리, 돌고래자리, 조랑말자리, 물병자리, 염소자리
⑪	13h, +5°	목자자리, 머리털자리, 처녀자리, 컵자리, 까마귀자리
⑫	6h, −10°	오리온자리, 작은개자리, 외뿔소자리, 토끼자리, 큰개자리, 비둘기자리, 조각도자리
⑬	19h, −15°	화살자리, 돌고래자리, 조랑말자리, 독수리자리, 뱀주인자리, 방패자리, 궁수자리, 현미경자리, 남쪽왕관자리
⑭	10h, −15°	바다뱀자리, 육분의자리, 컵자리, 나침반자리, 공기펌프자리
⑮	3h, −30°	고래자리, 에리다누스 강자리, 화학로자리, 조각도자리, 봉황새자리, 시계자리, 그물자리
⑯	16h, −30°	뱀주인자리, 천칭자리, 전갈자리, 이리자리, 수준기자리, 제단자리, 남쪽왕관자리
⑰	9h, −35°	큰개자리, 고물자리, 나침반자리, 공기펌프자리, 돛자리
⑱	0h, −40°	물병자리, 남쪽물고기자리, 조각실자리, 두루미자리, 봉황새자리, 큰부리새자리, 인도인자리
⑲	13h, −40°	컵자리, 까마귀자리, 바다뱀자리, 센타우루스자리, 이리자리, 수준기자리, 남십자자리, 컴퍼스자리, 용골자리, 남쪽삼각형자리, 파리자리
⑳	6h, −70°	팔분의자리, 파리자리, 큰부리새자리, 카멜레온자리, 바다뱀자리, 테이블산자리, 용골자리, 날치자리, 황새치자리, 그물자리, 시계자리, 이젤자리, 남십자자리
㉑	18h, −70°	카멜레온자리, 큰부리새자리, 팔분의자리, 파리자리, 남십자자리, 인도인자리, 극락조자리, 공작자리, 컴퍼스자리, 남쪽삼각형자리, 제단자리, 수준기자리, 망원경자리, 남쪽왕관자리

입체 안경 쓰는 법

입체 안경의 파랑 셀로판을 오른쪽 눈에, 빨강 셀로판을 왼쪽 눈에 맞도록 한 다음, 책과 안경이 평행이 되게 잡고 책의 위에서 또는 약간 비스듬히 봅니다. 책 표면이 번뜩거리거나 방 안의 조명 상태가 고르지 않으면 잘 보이지 않습니다. 그래도 제대로 보이지 않을 때에는 단순한 장면부터 보기 시작하여 눈이 익도록 해 보세요. 오른쪽 눈과 왼쪽 눈의 시력이 다르면 잘 보이지 않을 때가 있습니다. 이럴 때는 시중에 파는 빨강과 파랑 셀로판을 사서 겹쳐 보세요. 오래 보고 있으면 눈이 피곤해지므로 잠깐 쉬었다가 보는 것이 좋습니다.

입체 안경 만드는 법

입체 안경이 망가졌을 때에는 빨강과 파랑 셀로판과 적당한 두께의 종이만 있으면 새 입체 안경을 간단하게 만들 수 있습니다. 그러나 셀로판의 색깔에 차이가 있으면 입체 효과가 떨어집니다.

① 아래 그림처럼 두꺼운 종이를 자릅니다.

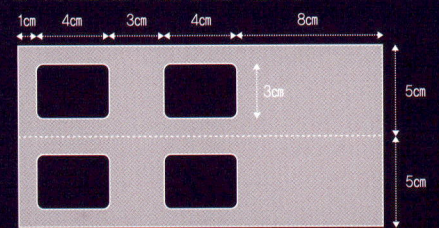

② 오른쪽 구멍에 파랑, 왼쪽 구멍에 빨강 셀로판을 붙입니다.

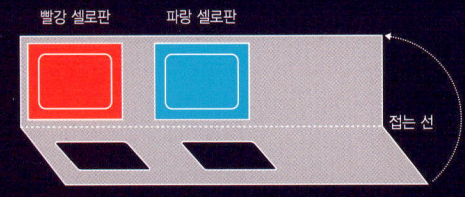

③ 접은 뒤 풀로 붙이면 됩니다.